# 中国蛋鸡产业经济 2009

# 内 容 提 要

本书为国家蛋鸡产业技术体系产业经济研究室的阶段性成果，包括12篇研究报告和6篇实地调研报告，内容涉及我国蛋鸡产业发展形势与政策分析、金融危机对蛋鸡产业的影响、蛋鸡养殖规模和养殖模式探讨、蛋鸡养殖成本效益分析、蛋品价格形成与传导、蛋鸡产业链收益分配、蛋鸡产业国际竞争力以及蛋品贸易等多个方面。研究成果针对产业发展新阶段面临的困境或应急问题，突出实地调查、原因探究、形势判断和政策建议，旨在为蛋鸡产业政策制定及蛋鸡产业科学发展提供决策支撑。

受2008年末鸡蛋三聚氰胺事件的影响，2009年初鸡蛋供求市场两端低迷，蛋鸡存栏持续下降，鸡蛋产量降到几年来最低。由于鸡蛋供应量持续不足，加之消费者信心逐渐恢复，从2009年3月份开始，形势得以扭转，鸡蛋市场需求恢复性增加，鸡蛋价格也随之稳定上涨，蛋价和料价比对鸡蛋生产者相对有利，商品蛋鸡从业者获得了较好收益。针对2009年我国蛋鸡产业发展现状及面临的问题，本书各项研究旨在通过实地调查和研究分析，在发现和总结问题的基础上为我国蛋鸡产业发展提供参考建议。

本书对于蛋鸡产业经济与政策制定部门、研究人员及相关实践者具有一定参考价值，但由于作者水平有限，错误和疏漏在所难免，请读者不吝批评指正。

# 中国蛋鸡产业经济2009

秦　富　赵一夫　马　骥等　著

中国农业出版社

本书得到“国家蛋鸡产业技术体系建设专项经费”资助，特此感谢！

**顾问：** 杨　宁

**著者：** 秦　富　赵一夫　马　骥　李先德
刘合光　曹光乔　吴罗发　钟　钰
杨东群　张瑞海　薛　莉　王艾敏
朱　宁　潘　丹　冯贞柏　王士海
赵　明

# 鸣　　谢

首席科学家
体系办公室
遗传育种研究室
疾病控制研究室
生产和环境控制研究室
加工与质量检测研究室
营养与饲料研究室

实地调研的综合试验站：

延庆综合试验站　　石家庄综合试验站
平谷综合试验站　　徐水综合试验站
天津综合试验站　　大连综合试验站
上海综合试验站　　茂名综合试验站
邯郸综合试验站　　绵阳综合试验站

在金融危机影响问卷调研中，除上述综合试验站外，还有：

保定综合试验站　　合肥综合试验站
济南综合试验站　　淮南综合试验站
郓城综合试验站　　铜川综合试验站
信阳综合试验站　　昌吉综合试验站
郑州综合试验站　　银川综合试验站
徐州综合试验站　　武汉综合试验站
南通综合试验站　　沈阳综合试验站

成都市家禽产业协会
四川成都大邑县巨兴养殖场
河北、天津、四川、江西、山东等地受访农户

# 目　录

# 我国蛋鸡产业发展现状、问题及政策建议*

秦富[1]　马骥[1,2]　赵一夫[1]

（1. 中国农业科学院农业经济与发展研究所，北京海淀 100081；2. 中国农业大学经济管理学院，北京海淀 100083）

## 一、我国蛋鸡产业发展现状与成就

近年来，我国鸡蛋总产量不断攀升，产业结构不断得到调整和优化，产业优势布局逐步形成，产业竞争能力明显增强。蛋鸡产业持续、稳步发展，为满足消费者的营养需求，带动农村地区的就业，促进农民增收作出了重要贡献。

### （一）蛋鸡产业稳步发展

**1. 鸡蛋产量不断攀升，产值不断增加。**新中国成立以来，我国鸡蛋总产量不断攀升，20 世纪 80 年代即已成为世界最大的鸡蛋生产国。2008 年鸡蛋总产量达到 2 296.87 万吨（约占全球 40%），分别是 1949、1978 年鸡蛋总产量的 84.65 倍和 8.70 倍。随着鸡蛋产量的增加，蛋鸡产业产值也不断增加，2003 年突破千亿元大关后，目前已经形成种鸡、蛋鸡、鸡蛋零售、饲料、兽

---

* 本报告得到“国家蛋鸡产业技术体系建设专项经费”资助，本报告已发表于《禽业导刊》2010（27）。

药疫苗相关产业年产值超过 3 500 亿元的庞大产业链[①]。

**2. 蛋鸡产业结构不断调整、优化。**随着畜牧产业的快速发展，我国蛋鸡产业结构不断调整、优化，产业结构效率、产业结构水平不断提高。

（1）禽蛋产业结构不断得到优化，鸡蛋比例逐步提升。近年来，在我国禽蛋产品中，鸡蛋产量占禽蛋总产量的比例稳定在 85%，其他禽蛋产量稳定在 15%（其中鸭蛋为 12%，鹅蛋和鹌鹑蛋等其他禽蛋产量比例稳定在 3%）。新品种的开发与引进，促进了禽蛋结构进一步优化，加速了禽蛋生产由传统的数量增长型向效益增长型过渡。

（2）产品结构日趋多样化。总体看，我国居民鸡蛋消费结构比较单一，主要以鲜蛋消费为主，鲜蛋消费量占我国鸡蛋总产量的 90%，而鸡蛋加工转换程度仅为 0.26%，其余 9.74%的产量作为鲜蛋出口或损失掉。但随着科学技术发展和消费者偏好变化，我国蛋鸡产业不断以市场为导向，鸡蛋产品结构不断优化且呈现多样性特点。①鲜蛋产品的功能多样化。消费者在追求基本营养之外，对鲜蛋的功能追求也越来越普遍，从而促使高碘鸡蛋、富硒鸡蛋、高能鸡蛋、低胆固醇鸡蛋等鲜蛋的供给增加。②鲜蛋的安全性能逐步增强，安全鸡蛋受到高收入消费者的青睐。目前，我国部分蛋鸡养殖场已经通过国家无公害、绿色和有机鸡蛋的生产认证，较之传统鸡蛋来说，安全鸡蛋的生产比例将越来越高。③鸡蛋制品多样化。虽然我国鸡蛋加工转换程度较低，但鸡蛋制品加工的潜力却很大。目前我国加工蛋品种类主要有：液蛋制品（液全蛋、液蛋黄和液蛋白等）、冰蛋制品（冰全蛋、冰蛋黄、冰蛋白等）、干燥蛋制品（普通及加糖全蛋、蛋白及蛋黄粉等）以及鸡蛋深加工产品（溶菌酶、卵转铁蛋白、蛋清

---

① 资料来源：中国蛋鸡业 2008 年基本情况和 2009 年市场展望（http://www.km.bj.cn）。

多肽、卵黄抗体、卵磷脂和卵高磷蛋白等)。

**3. 产业优势布局基本形成。**随着规模化养殖水平的提高和蛋鸡养殖业的竞争加剧、利润趋薄以及消费者对鲜蛋新鲜度等品质的苛求，促使我国鲜蛋就近生产、就近销售的趋势越来越明显，整个蛋鸡产业布局也不断调整、优化并日趋成型。

(1) 生产区域集中。我国蛋鸡主产区主要分布在华北、华东和东北地区等粮食主产区，其中鸡蛋产量排在前 6 位的省份是河北、河南、山东、辽宁、江苏和四川。在蛋鸡密集饲养区，生产方式落后，养鸡场、饲料加工厂、兽药销售点、鸡蛋经销商相互穿插，按照国家无公害标准很难找到符合条件的鸡场。近年来，由于密集养殖区鸡蛋市场价格波动幅度大、禽流感发病严重、运输费用增加、沿海地区进口饲料便宜、养鸡设施的改善等影响，北方原来养蛋鸡多的地方存栏量在迅速减少，如河北同比减少了30%以上；而传统靠调进鸡蛋的地区，由于养殖技术的解决和当地产鸡蛋价格贵的原因致使养殖量大幅增加，如广东、广西等地区。

(2) 市场区域集中。近 7～8 年来，蛋鸡养殖呈全国性发展趋势，许多省份蛋鸡养殖发展迅速，基本形成了国内五大鸡蛋消费市场。根据 2008 年计算的各省城镇和农村居民人均户内鸡蛋消费量①，我国鸡蛋消费市场主要集中于东北和华北地区。具体来说，目前按照户内人均消费量来看，我国的鸡蛋市场布局有以下特征：一是天津、北京、辽宁、上海的人均户内鸡蛋消费量最高（在 11～16 千克/人之间)；其次是山东、黑龙江、江苏、安徽、河北，其人均户内鸡蛋消费量较高（在 7～11 千克/人之间)；三是吉林、山西、福建、广东、浙江、河南、重庆

① 鸡蛋消费量由居民户内消费和户外消费两部分构成，统计资料只显示了户内消费量，根据农业部“城乡居民畜产品消费研究”课题组（1998）调查，我国居民户内鸡蛋消费比重约占 86.8%，人均户外消费比重为 13.2%。

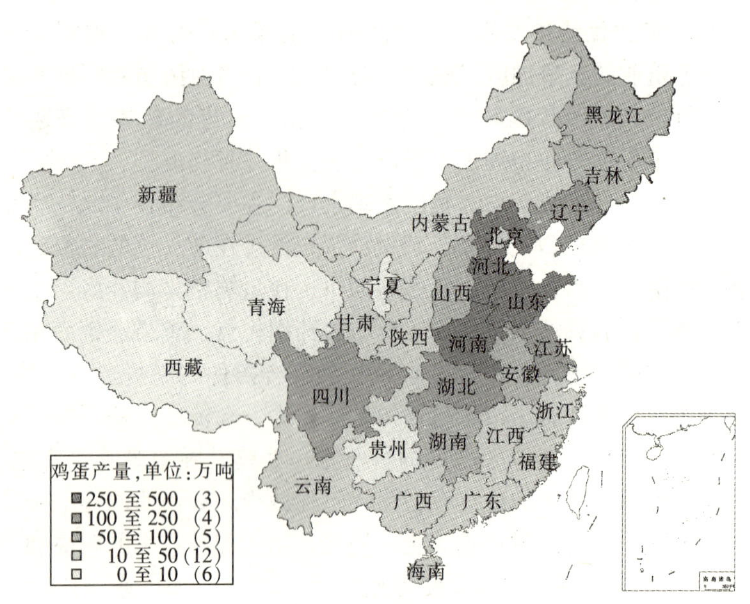


图 1　中国 2008 年鸡蛋产量分布情况

资料来源：2009 年《中国统计年鉴》。

(在 5～7 千克/人之间)；四是湖北、内蒙古、陕西、四川、江西、青海、宁夏、新疆、湖南、云南、广西、甘肃、海南及贵州（在 2～5 千克/人之间)，人均年户内鸡蛋消费量最低的是西藏，2008 年人均年鸡蛋消费量仅为 1.35 千克。

## (二) 满足了消费者的营养需求，保障了食物安全

鸡蛋是人类最好的营养来源之一，鸡蛋中含有大量的维生素和矿物质及有高生物价值的蛋白质。对人而言，鸡蛋的蛋白质品质最佳，仅次于母乳。一个鸡蛋所含的热量，相当于半个苹果或半杯牛奶的热量，但是它还拥有 8%的磷、4%的锌、4%的铁、

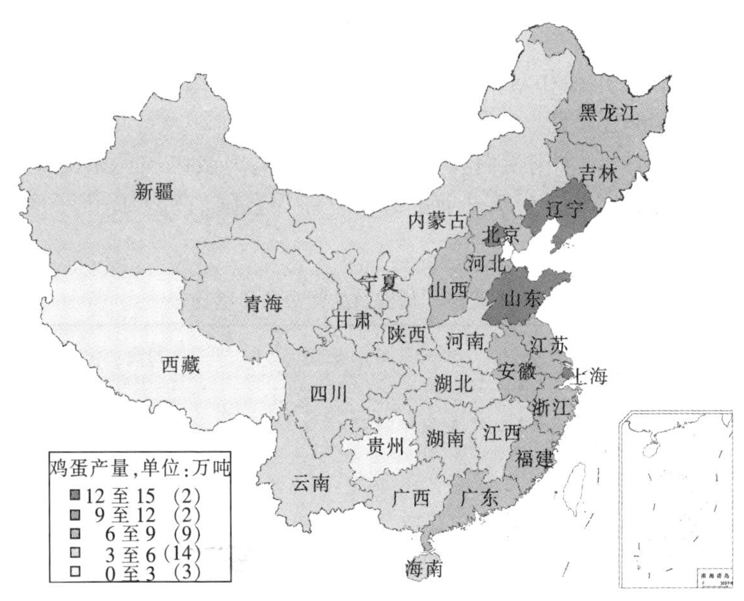


图 2 中国 2008 年各省居民人均户内鸡蛋消费分布情况

资料来源：根据 2009 年《中国统计年鉴》。

13.3%的蛋白质、6%的维生素 D、3%的维生素 E、6%的维生素 A、2%的维生素 B、5%的维生素 $B_2$、4%的维生素 $B_6$。这些营养都是人体必不可少的，它们起着极其重要的作用，如修复人体组织、形成新的组织、消耗能量和参与复杂的新陈代谢过程等。

**1. 满足了消费者需求。**随着蛋鸡产业快速发展，我国居民年人均鸡蛋占有量不断提高。2008 年我国人均年占有鸡蛋量达到发达国家水平（人均占有量为 17.3 千克），基本能保证我国每人每天消费一个鸡蛋。2008 年我国居民人均年消费鸡蛋 15.6 千克，平均每日消费 42.65 克鸡蛋，每日可从鸡蛋中获取蛋白质 5.33 克。

**2. 为消费者提供了廉价的蛋白质。**鸡蛋和猪肉、羊肉等畜产品为人类提供了动物蛋白。经过比较分析可看出，当前我国鸡蛋的蛋白质价格相对于猪肉、羊肉、牛肉和鸡肉来说，其价格仅仅为 0.064 元/克，分别是猪肉蛋白质价格的 29%，羊肉蛋白质价格的 34%，牛肉蛋白质价格的 28%，鸡肉蛋白质价格的 58%（见表 1）。因此，蛋鸡产业的健康发展为我国消费者提供了廉价的蛋白质供给。

**表 1　主要畜产品提供的蛋白质价格比较**

| | 猪肉 | 羊肉 | 牛肉 | 鸡肉 | 鸡蛋 |
|---|---|---|---|---|---|
| 全国平均价格（元/千克） | 21.22 | 33.64 | 30.84 | 15.02 | 8.04 |
| 蛋白质含量（%） | 9.5 | 17.7 | 13.3 | 13.5 | 12.5 |
| 蛋白质价格（元/克） | 0.223 | 0.190 | 0.232 | 0.111 | 0.064 |

资料来源：价格来源于中国畜牧业协会发布的 2008 年 10 月中旬全国平均价格。

**3. 产品质量安全程度不断提高。**随着我国蛋鸡产业快速、稳步发展，鸡蛋产品质量安全监管不断加强，有关法律法规、管理制度及技术标准不断完善，鸡蛋产品质量安全监控体系进一步健全，兽药和饲料添加剂管理力度进一步加大，有力地提高了我国鸡蛋产品质量的安全水平。

### （三）促进就业与农民增收

目前，我国蛋鸡产业从业人员约为 1 000 万人，年产值超过 1 500 亿元，还带动了饲料工业、兽药和疫苗生产、设备制造业等上、下游相关产业的发展，拓宽了社会从业人员就业渠道，增加了就业机会，缓解了中国目前的就业压力；同时，蛋鸡养殖业的发展为农民增收提供了良好的条件，农民养殖蛋鸡既可以防止荒废土地，又为当地的经济和产业的发展做了贡献，最重要的是农民收入的增加，有利促进了农村地区的稳定与和谐。

## 二、我国蛋鸡产业发展存在的主要问题

经过几十年努力，我国蛋鸡产业取得了一定的成绩，但与发达国家相比，我国蛋鸡产业在宏观管理、疫病防控、良种繁育技术、消费引导等层面仍存在较大的差距，也存在着一些比较突出的问题。

### （一）产业进入门槛低，生产规模小，过度竞争严重

我国鸡蛋行业长期以来缺乏明确的国家标准，市场准入制度缺位，很多从业者，特别是散户和小规模生产者，为片面追求眼前利益，阶段性低水平涌入，盲目性和从众性行为特点突出，行业主流受到严重冲击，养鸡利润持续降低。加之鸡蛋品质只能依靠仪器进行鉴定，在没有明确统一的国家标准、检测监管制度不完善的情况下，完全依靠市场的自由竞争，养殖过程简单、养殖环境较差、养殖成本较低的低质低价鸡蛋畅销，真正的优质鸡蛋反而无法获得优价，鸡蛋市场“劣币驱逐良币”现象严重。一些生产环境和工艺通过国际标准认证的大规模蛋鸡养殖企业，投入很高成本建立起来的高端优质鸡蛋产品市场，根本经受不住一些“以次充好”从业者的冲击，因为他们以普通鸡蛋的成本，即使以比优质鸡蛋的略低的价格进行销售，利润空间仍然很大。由于行业进入门槛较低，政府管理缺乏量化标准，加之消费者信息不对称，自由市场竞争的结果，必然使真正的优质鸡蛋迫于成本和利润的压力，难以为继，有的甚至不得不退出市场。尤其是对于走品牌化发展道路的企业，要坚守高质量的生产，就必须要付出高昂的成本，但市场价格的限制使企业不得不压缩利润空间，保证高品质鸡蛋的生产成为企业最大的软肋。

## (二) 品种单一，生产水平较低

就品种而言，调研中了解到目前国内主导蛋鸡品种是海兰，占到80%以上，其他是罗曼、依莎、海赛、尼克等占到20%，因而品种相对单一。同时，我国蛋鸡品种长期依赖进口，种源权大多掌控在外企手中，既浪费了大量外汇，又未能充分利用国内鸡种资源，因而我国蛋鸡品种的自主创新能力亟待提高。此外，我国良种扩繁体系跟养殖户关系松散，责任不明确，造成个别场家以次充优，生产冒牌产品，扰乱了市场秩序。

就生产水平而言，虽然我国鸡蛋数量居世界首位，但因各地环境、设施等条件的不配套，生产规模差距较大，蛋鸡生产水平差异较大。由于我国蛋鸡生产方式比较落后、规模化程度不高、先进适用技术的成果转化率低，使得一些鸡蛋生产水平远低于世界发达国家的水平（见表 2）。目前，在我国一般生产条件下，每只蛋鸡年产蛋 15～16 千克，料蛋比为 2.6～2.8∶1，死亡淘汰率为 20%～30%，而发达国家每只蛋鸡年产 17～18 千克，料蛋比为 2.3∶1，死亡淘汰率为 1%。与发达国家相比，我国蛋鸡的生产水平提高的潜力很大。

**表 2　中国蛋鸡业生产的整体水平**

| 年份 | 产蛋量（千克/只） | 料蛋比 | 产蛋鸡年存活率（%） | 年平均死淘率（%） |
|---|---|---|---|---|
| 中国 | 15～16 | 2.7∶1 | 70～80 | 0.20 |
| 美国 | 17～18 | 2.3∶1 | 90～92 | 0.01 |

资料来源：武嘉平等，我国蛋鸡业存在的问题，畜牧与饲料科学，2009，30(3)：77-78。

## (三) 蛋鸡生产中疫病防治问题突出，防疫体系有待改善

疾病成为影响我国蛋鸡产业可持续发展和效益提高的主要因

素。近年蛋鸡疾病病原体不断变异进化，细菌感染和寄生虫病不断出现，混合感染成为疾病发生的主流，有些病原体感染和发病还可引起免疫抑制，使蛋鸡群频繁发病，轻的影响健康和生产性能，严重的造成死亡，危害极大。

目前，我国蛋鸡饲养场（舍）的布局弊端颇多，使用年代越长的鸡场（舍），污染环境越严重，尤其是一些养殖大村、大户。庭院养殖和小而全的管理方式，进鸡、用料、污物处理、免疫制度等杂乱无章，缺乏统一的行业管理，疾病交叉感染，养鸡户对鸡综合保健意识淡薄，卫生防疫意识弱。同时大环境不断变化，鸡场或鸡舍周边的大环境被病源严重污染，病源从地表、空气、各种媒介物全方位传播，流行性疾病不断发生，已造成的损失或潜在的危险非常严重。为此，防疫体系实际运作效果有待改善。①行政性质较强的兽医防疫体系同完全市场化的行业很难完全的配套与协调，因而缺乏同市场机制和行业规律相协调的管理机构，政府多年来投入的资金使用效果有明显的改进空间。②全国统一的疫病防治系统尚待建立。鸡蛋是全国流通的商品，但目前尚缺乏一个基于自然条件和社会、生物安全条件基础上的全国统一规划，管理制度缺失，进而导致疫病防控扑杀补偿政策存在一定程度和范围的不合理。③从疫情报告、疫苗研制到推广防治的周期过长，鸡群早期感染得不到控制，细菌病泛滥，形成巨大的生物安全隐患。④配套的服务体系缺乏生物安全概念和责任意识，政府监控管理尚不到位，饲料、送料车、鸡蛋包装箱、运蛋车、运鸡车都是造成疾病传播的途径。⑤免疫程序、疫苗使用不当、滥用抗生素和违禁药、无抗体监测手段等问题，也亟待改善。

## （四）养殖效益较低，养殖户面临的市场风险大

目前，我国蛋鸡养殖的成本较高，而收益相对较低，表明单位效益低下。表 3 是我国 2005—2008 年每百只蛋鸡的成本、收

益与成本收益率资料，统计结果表明，虽然近年来我国蛋鸡的成本收益率在逐步提高，但仍然处于较低的水平，2008年成本收益率仅仅达到8.14%。

**表3　中国2005—2008年规模蛋鸡饲养成本收益比较**

| 年份 | 蛋鸡产量（千克/百只） | 蛋鸡产值（元） | 成本（元） | 净利润（元） | 成本收益率（%） |
|---|---|---|---|---|---|
| 2005 | 1 544.2 | 8 956.77 | 8 219.68 | 737.09 | 8.97 |
| 2006 | 1 561.2 | 9 000.25 | 7 935.85 | 1 064.4 | 13.41 |
| 2007 | 1 650.9 | 11 553.02 | 10 050.6 | 1 502.42 | 14.95 |
| 2008 | 1 670.4 | 11 816.95 | 10 927.51 | 889.44 | 8.14 |

资料来源：历年全国农产品成本收益资料。

近年来，随着市场化程度的推进，以及国际市场的日益竞争激烈，鸡蛋价格波动的不确定性已成为影响整个产业稳定发展和蛋鸡饲养户收入水平的重要因素。价格是否稳定、合理是判断一个产业能否健康发展的主要指标，是一个产业能否正常发展的指示器或标尺。根据相关统计资料分析，1995—1999年，鸡蛋价格在大幅波动的同时快速下降；1999年后，鸡蛋价格波动至较低水平，从长期来看，鸡蛋价格趋于稳定，但从短期来看，鸡蛋价格仍在较低水平上大幅波动。鸡蛋价格的大幅波动不但增加了农户的经营风险，挫伤其生产积极性，同时损害消费者的利益，也不利于社会总体价格水平的稳定，影响蛋鸡产业的健康发展，这说明我国蛋鸡产业尽管在产量方面已达到相对饱和，但产业本身还不成熟。目前，我国鸡蛋需求趋于饱和，广大农户盲目上马，导致蛋鸡养殖者竞争加剧，蛋鸡生产者处于微利或亏损的境地，从而引发了在需求稳定情况下的供给增加，促使鸡蛋市场价格快速下降；并且由于蛋鸡养殖过程中面临着较大的疾病风险，在我国农村地区很难做到全面防疫与科学防疫的情况下，导致生产不稳定性增强，最终导致鸡蛋市场价格的波动风险，不利于蛋鸡产业的稳定和发展，也不利于消费者的长远利益。

### （五）鸡蛋质量潜在安全问题突出

我国畜禽饲料中滥用抗生素、化学合成药物、砷制剂等生长促进剂，造成危害人畜健康和食品安全的事件多次发生。在蛋鸡生产过程中，除了应严格禁止使用国家严禁使用的各种兽药；禁止将抗生素、有机砷制剂等有毒有害物质作为饲料添加剂使用；严格遵守国家有关屠前停药期的规定，以免药物残留超标，还应该加快完善我国无公害标准，虽然已经制定了部分标准，部分地区还制定了如蛋鸡饲养技术规范、兽医防疫准则等，但尚不完善。我国应借鉴发达国家蛋鸡生产工艺及技术、有毒有害成分检测技术、兽药使用法规与标准、产品标准等，进一步完善我国的有关标准和法规，尽快在条件成熟的省份和企业，建立我国鸡蛋产品可追溯体系。

鸡蛋产品可追溯网络平台技术系统构建：该系统包括饲养场、淘汰鸡加工厂和鸡蛋销售与物流环节等多个可追溯生产、流通环节。结合已颁布的国家或行业养殖、饲料、疫病防治、环保和加工等生产链中的各项规范，根据安全生产质量监控可追溯系统的原理，从蛋种鸡开始溯源，按生产链逐级标识编码，依托网络技术与定位技术对产品进行静态与动态检测，通过计算机网络进行“逆向追溯”来获取所消费鸡蛋产品的相关信息。一旦发生食品安全事件，还可从产品生产端进行“正向追溯”，获取产品生产、销售与分布信息，以作出快速反应并及时处理。

### （六）蛋品深加工落后，蛋鸡产业处于过剩阶段

在蛋品加工方面，虽然我国1985年已成为世界第一鸡蛋生产大国，但蛋鸡产业中鸡蛋制品的加工却非常落后，目前我国鸡蛋制品的转换程度还不足1%，远低于发达国家15%～40%的水

平。我国从事蛋品加工的企业总数在500家以上，规模普遍较小，技术水平不高，加工品种单一，没有形成品牌优势，制约着我国禽蛋产业升级。

在蛋鸡产业方面，虽然整个蛋鸡产业产量仍有增长，但我国城镇居民及农村居民的鸡蛋及鸡蛋制品消费在2000年后却基本保持稳定，几乎没有任何增长。这充分说明，我国鸡蛋消费市场已趋于饱和，鸡蛋消费量不跟随产量及市场价格的波动而调整。根据产业生命周期理论和产业战略理论，对于经过快速成长的产业进入"平台期"后，应积极利用相关产业政策工具，研究转型期产业的发展战略，以促进和保持产业稳定快速发展。

## 三、关于我国蛋鸡产业发展的政策建议

### （一）加大对蛋鸡企业的扶持力度，缓解企业融资难的问题

针对企业缺少贷款抵押，融资周期较长等问题，政府应提供有针对性的支持。①提高对蛋鸡企业的贴息贷款幅度和范围。②通过补贴担保公司，低价为蛋鸡企业提供担保；鼓励和支持以本行业领头企业为核心成立担保公司，为养鸡农民提供专业金融服务。③成立蛋鸡企业融资贷款扶持基金，为蛋鸡产业发展提供长远稳定的资金支持。④针对不同规模的蛋鸡养殖企业，出台相应的融资扶持政策，改变蛋鸡养殖业只能靠自身滚雪球式和民间借贷式发展的现状。2009年中央一号文件要求增加畜禽标准化规模养殖场（小区）项目投资，加大信贷支持力度，落实养殖场用地等政策。然而，对大型规模化、现代化蛋鸡养殖企业的支持力度较弱。这类企业还处于发展的初期阶段，也需要政府的大力扶持。关键是要把制定相应的实施细则与办法，扩大受益面，针对养殖大户、养殖小区、农民专业合作社和龙头企业的不同规模和需求制定具体扶持措施。

### （二）确定行业基本准入门槛，落实入市前的检验检疫制度

一是制定蛋鸡产业国家标准，确定基本的市场准入门槛。应遵循强制性和现实可操作性原则，制定标准及市场准入制度，更要严格执行。不过，对蛋鸡产业的改造和提升，也需立足现有条件和资源，有计划分步骤的向理想状态靠拢。二是实行行业准入制度，更准确地掌握企业数量和产量，保障行业的整体利益。首先从种鸡企业抓起，严格控制祖代的数量和规模，对申报数量和出售父母代数量不吻合（主要指超指标）的企业加重处罚，甚至取消资格。如果疾病净化较好，还要鼓励对祖代鸡进行强制换羽，但数量要包括在申报范围内。为增加农民收入，对其他行业进入蛋鸡养殖业要有有力的调控手段。三是要充分发挥质量监管部门的监督检查职能，严格检查程序，加强监管力度；并在各类销售终端设立检验检疫部门，杜绝不合标准的鸡蛋进入市场。

### （三）鼓励和引导农民成立蛋鸡养殖合作社，推动蛋鸡的规模化、专业化养殖

蛋鸡养殖合作社是解决蛋鸡行业目前困境的一种有效手段，发达国家的发展历程已经充分证明了这一点。随着城市化进程的加快和市场准入制度的实行，中小散户的鸡蛋直接进入市场的比例将逐步降低，经过鸡蛋加工企业的加工、处理、包装进入的份额逐步上升，如此在市场供给上就会逐步形成类似牛奶销售的局面，龙头企业承担市场的风险，养殖户只承担养殖的风险。市场一旦形成这种格局，龙头企业或合作社就会规范养殖户的品种、规模和质量，实现市场的有序发展，推动蛋鸡养殖走向适度的规模化和自动化。由于我国的农民合作社刚刚起步，所以政府必须加大扶持力度和规范力度，如对符合要求蛋鸡养殖合作社给予直接补贴等。

## （四）充分发挥政府宏观调控职能，降低行业风险

制定有利于蛋鸡行业发展的相关政策，进行宏观调控。一是制定蛋鸡行业发展规划，明确政府财政补贴的方向和重点，同时对行业的生产总量进行监测与控制，保证供求均衡。二是实行价格补贴，维持蛋鸡产业链价格体系的稳定。加大对主要饲料原料玉米、大豆等农作物的补贴，从根本上解决饲料原料成本高的问题，降低外部经济环境造成的价格大起大落，保证蛋鸡企业获得正常的利润空间。三是尽快出台蛋鸡保险政策，落实畜禽养殖保险业务，减少蛋鸡行业受到不可控因素的影响，降低行业风险，确保养殖生产平稳进行。四是建立全行业从业者统一的档案数据库系统，加快蛋鸡行业信息化建设，实现全国蛋鸡产品价格和原料以及其他生产资源价格的跟踪、报告和管理，准确预报价格趋势，以及在此基础上的产品行情预报。五是建立疫病疫情动态的数据监测系统，在第一时间以最快速度确定疫情发生点，进行迅捷有效的疫情控制，把传染病的危害降到最低。通过以上措施，逐步实现蛋鸡产业的一体化、有序化发展。

## （五）对于有实力、大规模的蛋鸡生产企业给予必要的政策倾斜

我国目前蛋鸡产业与国外先进水平相比还存在差距，这次金融危机是危也是机，将进一步促使行业洗牌，淘汰产能低、规模小、管理粗放落后的制约行业整体发展的小企业。建议国家参照钢铁产业发展模式，对于有议价能力、规模大、管理先进的企业给予必要的政策倾斜，引导有实力的大企业进行兼并重组，全面整合蛋鸡产业结构，在我国试点建立 3～5 个蛋鸡产业集团，并在资金、政策、科技等方面重点扶持，创建民族品牌，参与国际竞争，开拓国际市场。

### （六）加大投入，推动国内优良种鸡资源研发体系的建立和完善

针对目前国内蛋鸡品种长期依赖进口，种源权受制于国外企业控制的现状，我国应加大对种禽良种繁育基地建设的投入力度，尽快推动我国种鸡资源自主研发体系的建立和完善。调研反馈中，山东郓城昌隆种禽公司、陕西大匠农科产业有限公司等多家蛋鸡企业积极呼吁中央和地方政府加大对国产优良蛋鸡品种的育种、养殖的支持力度，如节粮型北农大 3 号等品种。目前市场上苗鸡供不应求，建议加大投资力度，扶持国内优良品种产业规模的迅速扩大。建立和完善优良种鸡资源的自主研发体系，不仅可以降低蛋鸡养殖企业的养殖成本，同时有利于增强我国蛋鸡企业的自主能力，增强抵御国际金融危机和国际流通市场波动的不利影响。

## 主要参考文献

邓蓉，武广平，李永平．我国肉禽业不同饲养方式的效益分析（上）．北京农学院学报，2004 第 19 卷（1）

邓蓉，武广平，李永平．我国肉禽业不同饲养方式的效益分析（下）．北京农学院学报，2004 第 19 卷（2）

韩伟．中国蛋鸡业的现状与建议．家禽科学，2005（3）

胡定寰．美国养鸡产业一体化经营模式．中国家禽，2003 第 25 卷（5）

吕广宙，胡继连．我国蛋鸡产业平台期现状及发展策略．中国农村经济，2005（12）

罗平涛，王进圣．推动鸡蛋产业升级的动力和途径．中国家禽，2007 第 29 卷（23）

宁中华．养鸡在农村产业结构调整中如何发展．家禽科学，2005（5）

孙皓．我国蛋鸡业面临的机遇和挑战以及应对措施．家禽科学，2007（7）

王宝维．蛋鸡业发展趋势与无公害鸡蛋生产．中国家禽，2003 第 25 卷（13）

武嘉平，高振江．影响鸡蛋价格的因素分析．中国家禽，2006 第 28 卷（15）

武嘉平，罗伟林．我国蛋鸡业存在的问题．畜牧与饲料科学，2009，30（3）

谢永刚．我国蛋品行业的发展策略．饲料博览，2009（2）

熊彩云．美国家禽鸡蛋业和肉猪业垂直协作方式的比较分析．世界农业，2004（9）

杨宁．蛋鸡商业化育种的发展和面临的问题．特别关注，2006 第 23 卷（20）

杨宁．蛋鸡育种面临的问题及发展趋势．专家论坛，2007（4）

# 我国蛋鸡产业生产状况及发展形势分析*

赵一夫　薛莉　秦富

（中国农业科学院农业经济与发展研究所，北京 100081）

## 一、我国蛋鸡产业发展概况

我国蛋鸡行业起步于20世纪70年代末，虽然起步较晚，但其发展迅速，从1985年开始，禽蛋产量超过美国位居世界第一，长期以来始终保持世界首位。经过20多年的发展，我国蛋鸡产业已基本完成良种化、专业化、设施化、市场化的演进，形成了较为完善的业内分工体系，甚至一度成为畜牧行业专业化、设施化和高效生产的典范。根据联合国粮农组织（FAO）的统计，我国鸡蛋产量在2007年即已达到2 200万吨左右，占世界鸡蛋总产量的40%以上。按同期人口计算，我国人均鸡蛋年占有量达到了16.5千克左右，相当于基本保障一人一只鸡的产蛋消费水平。

如今，我国蛋鸡行业仍以小规模养殖方式为主，可以说，这种养殖模式已经高效运行了近20年，总体看来，比较适应我国农村劳动力生产水平和小农经营体制下的生产习惯，同时也符合行业内从业者的资本能力。农户小规模分散生产和经营模式，在

---

* 本报告得到“国家蛋鸡产业技术体系建设专项经费资助”。本报告已发表于中国家禽2010年第4期。

20 世纪 80～90 年代为促进我国蛋鸡产业发展、增加鸡蛋产量、提高农民收入起到了极大的推动作用。进入 21 世纪，蛋鸡养殖规模有所提高，500 只以下的养殖规模户养殖量仅占总饲养量的 8%左右，但 1 万只以下规模的饲养户比例还比较多，大约占到我国蛋鸡饲养总量规模的 60%左右。小规模饲养造成产品不易标识，可追溯性差，给食品安全带来隐患。随着我国社会主义市场经济建设的不断深化，特别是在加入 WTO 后的国际化大背景下，这种模式已越来越不适应，亟待改革。

近几年来，我国蛋鸡产业经历了明显的大起大落行情。2006 年至 2007 年上半年，蛋鸡养殖利润较高，养殖户的养殖积极性非常高，上雏量曾一度达到历史高点，甚至行业内人士称此阶段为我国蛋鸡行业的黄金时期。从 2007 年第四季度开始，由于饲料价格上涨，鸡蛋价格下跌，养殖户收益开始明显减少，但全年平均的蛋鸡养殖收益还算良好。同时由于政府部门和养殖户对流行病的高度重视和预防措施的得力实施，没有发生大的流行病疫情，蛋鸡养殖户积极性大大提高，并对未来充满信心。

进入 2008 年以后，我国的蛋鸡生产基本上一直在高成本低效益下运行，鸡蛋供求关系失衡，蛋鸡行业陷入低迷。受世界金融危机、三聚氰胺等事件的影响，使 2008 年年底的蛋鸡产业更是“雪上加霜”。2008 年 9 月，受三聚氰胺事件影响，鸡蛋消费量骤减，导致鸡蛋价格下降，生产者利益没有保障；再加上禽流感等疫情的影响，农村饲养户大量淘汰蛋鸡，使年底蛋鸡存栏量严重偏低。在几个事件的综合影响下，2008 年 11 月至 2009 年 2 月鸡蛋市场的供、求两端都发生了迅速萎缩。同时，受金融危机和三聚氰胺事件对消费需求的影响，鸡蛋需求量也大幅萎缩。由此导致，2008 年底、2009 年初的鸡蛋价格持续低迷，只鸡赢利也一直处于低位。在 2009 年 2 月份达到蛋价的阶段最低点，生产者补栏积极性差，观望情绪严重。

从 2009 年 3 月份开始，形势得以扭转，由于鸡蛋供应量的持续不足和消费者信心的逐渐恢复，使得市场上鸡蛋需求相对增加，为鸡蛋行业提供了足够的价格上涨空间。2009 年 3、4、5 月行情逐步向好，鸡蛋价格结束前期下降走势，稳定增长；同时，由于饲料价格变动不大，只鸡赢利也有较大幅度提高，由此带动蛋鸡存栏和鸡蛋产量也有所上升。蛋鸡养殖户利润的增加，激发了养殖户的补栏积极性，后备鸡数量从 2009 年 3 月份开始明显回升。进入 6 月份又出现震荡调整，7、8、9 月迎来本年度第二波上涨态势，而且涨势更加明显，鸡蛋价格和只鸡赢利均连续 3 个月增长，8 月份涨幅最大，9 月份达到 2009 年前 10 个月的最好水平。此间，鸡蛋成本也在持续增长，但增势较为平缓。

2009 年 9、10 月份蛋鸡总存栏环比上升，说明蛋鸡养殖户在今年较高利润形势下逐步恢复信心，鸡蛋市场的供需关系还处于较好的形势中，鸡蛋供应没有出现过剩状态。同时，以 2009 年与 2008 年同期相比，蛋鸡存栏同比下降，说明今年的蛋鸡养殖户一直处于比较谨慎的心理。由于 2007 年的高利润造成 2007 年底和 2008 年蛋鸡存栏和饲料价格的大幅提升，2008 年赢利水平下降，致使蛋鸡养殖户形成了比较理性的思维，不再因为一时的高利润盲目增加饲养量，这也是产业逐步向成熟、理性发展的结果。2009 年 9、10 月份后备鸡存栏同比上升也表明，蛋鸡养殖业基本从去年底开始的颓势中走出来，恢复到了市场调节的正常运转水平。

总体而言，在 2009 年，我国蛋鸡产业逐渐摆脱三聚氰胺、禽流感、金融危机等的影响，处于恢复休整期，经历过近些年诸多“蛋鸡养殖业风暴”洗礼的从业者的行为也逐渐趋于理性。

## 二、产业发展中存在的问题

我国虽然是目前世界上蛋鸡生产第一大国，但产业发展水平与世界先进国家相比仍存在较大差距，如蛋鸡育种水平仍然较低；养殖企业总体规模偏小、技术创新能力薄弱、管理水平落后；产业生产方式以劳动力密集型为主，设备技术水平明显落后于发达国家；产业质量安全管理与保障体系不健全；产业环境污染严重等。

### （一）产能过剩

2000 年后，我国蛋鸡业逐渐成熟，总饲养规模基本没有明显扩展。但因我国蛋鸡以分散养殖为主，且又缺乏行业规范，使得养鸡总量难以得到有效控制，长期以来总产能呈现严重过剩局面。我国商品代蛋鸡存栏大约 15 亿只，其中产蛋鸡饲养量 12 亿只左右。培育品种祖代鸡场 20 家上下，年存栏 30 万～40 万套，年供父母代能力超过 2 500 万套；父母代鸡场 1 000 家左右，场均规模 2 万套，总饲养能力 2 000 万套，年可供商品代蛋鸡 20 亿只。近几年，我国柴鸡蛋市场的火热，促进了地方品种的开发利用，用于生产柴鸡蛋的商品代蛋鸡饲养量大约在 2 亿只左右。祖代、父母代、商品代三代产能过剩，比实际需要超过 20%以上。因而迫切需要建立健全行业规范，有效控制长期产能大量过剩局面。

### （二）行业进入门槛较低，政府管理缺乏量化标准

我国鸡蛋行业长期以来缺乏明确的国家标准，市场准入制度缺位，很多从业者，特别是散户和小规模生产者，为片面追求眼前利益，阶段性低水平涌入，盲目性和从众性行为特点突出，行业主流受到严重冲击，养鸡利润持续降低。加之鸡蛋品质只能依靠仪器进行鉴定，在没有明确统一的国家标准、检测监管制度不完善的情况下，完全依靠市场的自由竞争，养殖过程简单、养殖环境较差、养殖成本较低的低质低价鸡蛋畅销，真正的优质鸡蛋反而无法获得优价，鸡蛋市场“劣币驱逐良币”现象严重。一些生产环境和工艺通过国际标准认证的大规模蛋鸡养殖企业，投入

很高成本建立起来的高端优质鸡蛋产品市场，根本经受不住一些“以次充好”从业者的冲击。由于行业进入门槛较低，政府管理缺乏量化标准，加之消费者信息不对称，自由市场竞争的结果，必然使真正的优质鸡蛋迫于成本和利润的压力，难以为继，有的甚至不得不退出市场。尤其是对于走品牌化发展道路的企业，要坚守高质量的生产，就必须要付出高昂的成本，但市场价格的限制使企业不得不压缩利润空间，保证高品质鸡蛋的生产成为企业最大的软肋。

### （三）主导品种以进口为主，自主创新能力亟待提高

目前国内主导蛋鸡品种是海兰，占有率在50%左右；其他引进品种罗曼、依莎、海赛、尼克等占到25%；国内自主培育品种农大3号矮小型蛋鸡，京红、京粉系列、京白939等品种的饲养量大约占25%。我国蛋鸡品种长期依赖进口，种源权大多掌控在外企手中，导致我国庞大的蛋鸡产业受控于国外的蛋鸡育种公司。近几年，欧美各国疫情的不断出现增加了依赖引种的风险性，美国和德国因为疫情封关后一些主要引进品种受到限制，使我国蛋鸡产业的源头受阻，给我国蛋鸡业的正常运转造成了很大影响，而且对国外公司的不断涨价也无可奈何。既浪费了大量外汇，又未能充分利用国内鸡种资源，因而我国蛋鸡品种的自主创新能力亟待提高。此外，我国良种扩繁体系跟养殖户关系松散，责任不明确，造成个别场家以次充优，生产冒牌产品，扰乱了市场秩序。

### （四）防疫体制实际运作效果有待改善

一是行政性质较强的兽医防疫体系同完全市场化的行业很难完全的配套与协调，因而缺乏同市场机制和行业规律相协调的管理机构，政府多年来投入的资金使用效果有明显的改进空间。二是全国统一的疫病防治系统尚待建立。鸡蛋是全国流通的商品，

但目前尚缺乏一个基于自然条件和社会条件、生物安全条件基础上的全国统一规划，管理制度缺失，进而导致疫病防控扑杀补偿政策存在一定程度和范围的不合理。三是从疫情报告、疫苗研制到推广防治的周期过长，鸡群早期感染得不到控制，细菌病泛滥，形成巨大的生物安全隐患。四是配套的服务体系缺乏生物安全概念和责任意识，政府监控管理尚不到位，饲料、送料车、鸡蛋包装箱、运蛋车、运鸡车都是造成疾病传播的途径。五是免疫程序、疫苗使用不当、滥用抗生素和违禁药、无抗体监测手段等问题，也亟待改善。

### （五）小规模农户分散饲养的模式存在诸多安全隐患

一是疾病预防和控制能力较差。农户资金有限、投入不足，养殖设施设备简陋，人禽混居、畜禽混养，鸡舍布局不合理，消毒措施不完备，防疫体系不健全，技术力量薄弱，不能做到全进全出，容易导致鸡群交叉感染疾病。二是在生产和兽医管理中，对新城疫、禽流感等重大疫病的防控存在认识误区，无抗体监测手段，免疫程序不当，不能科学地使用疫苗，而是过分地依赖疫苗乃至滥用疫苗。三是难以解决饲料中违禁药物使用和药物残留问题，对分散农户的检测和监控成本较高；加之鸡舍内环境卫生和鸡群健康问题，生产过程中会导致微生物污染，蛋品质量安全难以保障。四是农村的兽药、疫苗销售市场缺乏统一管理，运行不规范。厂商往往通过大量的广告宣传或雇佣销售人员游说农户购买自己的产品，甚至恶性竞争；而农户恰恰缺乏相应的专业知识，又没有专职的兽医或技术人员给予指导，盲目选择疫苗，使本就十分脆弱的防疫体系雪上加霜。

### （六）农村规模化饲养的蛋鸡产品纳入品牌化建设的基础不足

20 世纪 90 年代中期以后，几乎所有的商品代蛋鸡养殖都集中到了农村，而且主要集中在几个饲料粮生产大省，包括河北、山东、河南、江苏、辽宁等地，形成了一些蛋鸡养殖基地市、县、乡、村，密集养殖地方一个村饲养蛋鸡就达到百万只，不亚于一个大型蛋鸡场的规模。目前我国 11 亿存栏产蛋鸡中，80％以上集中在农村，对我国的鸡蛋供应起着决定性作用，但由于受鸡蛋消费传统模式的影响，目前建立品牌产品的意识比较差，落后于消费市场对产品要求的发展需要。鸡蛋的商品属性不全，没有外在标识，无法区别内在品质，达不到相关卫生标准，低质低价，小农户无法超越品牌蛋经营的门槛。

### （七）鸡蛋深加工技术比较落后，国际竞争力较弱

目前，我国的蛋制品加工技术还比较落后，蛋制品主要是皮蛋、咸蛋、槽蛋、冰蛋、全蛋粉、蛋白粉、蛋黄粉等传统品种，与国外蛋制品加工状况相比，还有较大差距。例如目前国外巴氏杀菌液体蛋制品在澳大利亚、欧洲、日本和美国已经占鸡蛋产量的 30％～40％，但我国这一比例却不足 1％。

## 三、2009 年我国蛋鸡产业的生产现状与特点

自 2008 年初以来，农业部设立专项对全国蛋鸡生产进行监测统计，在此根据监测结果，对 2009 年我国蛋鸡产业的生产现状和特点作如下分析。

### （一）存栏的变化：蛋鸡存栏、产蛋鸡存栏、后备鸡存栏、只鸡单产、鸡蛋产量

由于 2008 年底三聚氰胺等危机事件的发生，2008 年 11 月至 2009 年 2 月，蛋鸡存栏、产蛋鸡存栏和后备鸡存栏均骤然减少，2009 年 3 月才出现明显的恢复迹象，并在震荡调整中不断走高。

产蛋鸡存栏在3月大幅上升后，4～6月基本维持在相同的水平，7、8月份有所下降，9、10月又有较为明显的上升，11月略有下降。即使如此，2009年前10个月的蛋鸡存栏和产蛋鸡存栏都明显低于去年同期水平，直到11月首次同比上升，说明今年的蛋鸡养殖户一直处于比较谨慎的心理，在养殖选择上也更加理性，不再因为一时的高利润盲目增加饲养量，这也是产业逐步向成熟、理性发展的结果。

出于春季上雏的传统，后备鸡存栏也是从3月份开始大幅上升，直至5月份，之后则处于不断地增减变动之中；而秋季的进雏量有所减少，10月、11月均表现为环比下降，可能会影响到年后3、4月份的鸡蛋供应量。而从9月开始，后备鸡存栏就表现为同比上升，这表明蛋鸡养殖业基本从去年底开始的颓势中走出来，恢复到了市场调节的正常运转水平。

2009年1～11月份的只鸡月产蛋量均值为1.42千克，略低于上年同期水平，但走势更加平稳。

鸡蛋总产量随着产蛋鸡存栏和只鸡单产的变动而变动，在3、4月份和9、10月份有明显上升；从总供应量来看，则明显低于去年同期水平，但供给的稳定性增强。

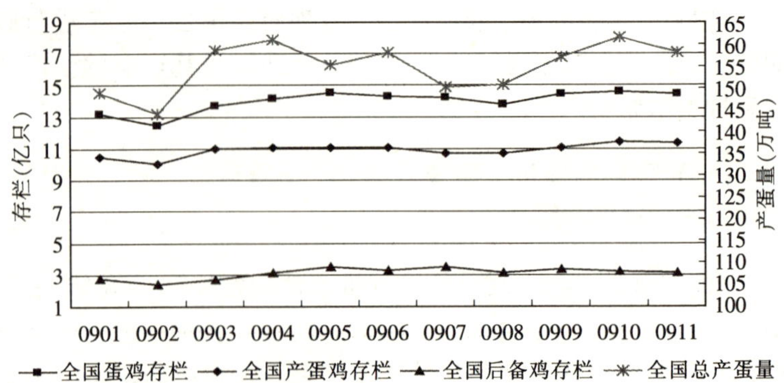

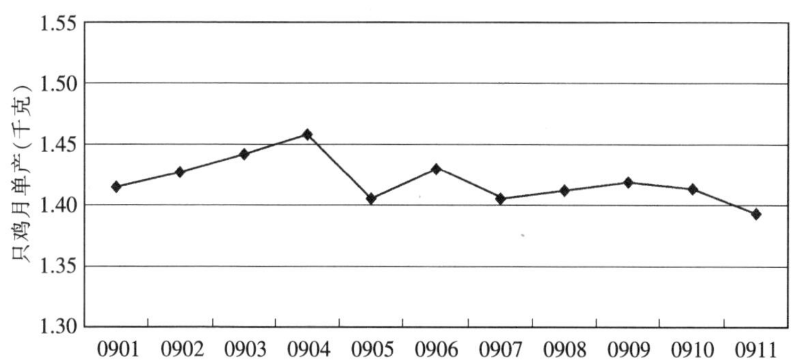


## （二）成本收益的变化：鸡蛋价格、鸡蛋成本、只鸡赢利

2009 年 1～5 月份，只鸡赢利持续上升，6 月份有较大幅度的下降，7～9 月份出现第二轮上升态势，而且，9 月份上升至本年度前 11 个月的最高点，而后又有明显下降。上半年的赢利上升主要源自行业自身恢复性的增长，而下半年的上升则主要是十月份节日效应的拉动。总体而言，2009 年 1～11 月的只鸡赢利高于 2008 年同期水平（只有 1 月和 6 月除外），主要是 2009 年饲料价格有所下降，鸡蛋生产成本明显降低所致。

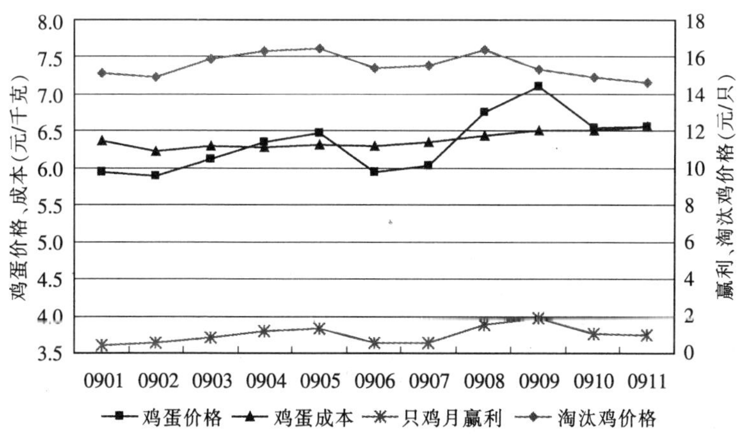

2009年价格变动对只鸡赢利的影响大于成本。2009年1～11月，鸡蛋成本较为稳定，在6.2～6.6元/千克之间，除1、2月份有所下降外，基本表现为上升态势；但仍不及上年同期水平，直到11月份，才首次出现同比上升。而鸡蛋价格和淘汰鸡价格的变动与只鸡赢利基本一致，均在上半年3～5月和下半年的7、8月份有两次较为明显的上升，并分别在9月和8月达到本年度前11个月的最高点，只是淘汰鸡价格下降的更早、降幅更大。

## （三）不同规模的比较

2009年1～11月份的数据显示，一般是养殖规模越大，赢利水平越低。产蛋鸡存栏量在500只以下的小规模养殖户赢利水平远高于中等规模和大规模养殖户。部分原因是由于小规模养殖户生产的产品以所谓的“柴鸡蛋”、“土鸡蛋”为主，收购价格较高；而庭院养殖的生产成本中又有多项能够忽略不计，因此成本也相对更低。

不同规模养殖户的赢利水平随时间的变动趋势基本一致，中等规模和大规模养殖户的赢利差距较小。

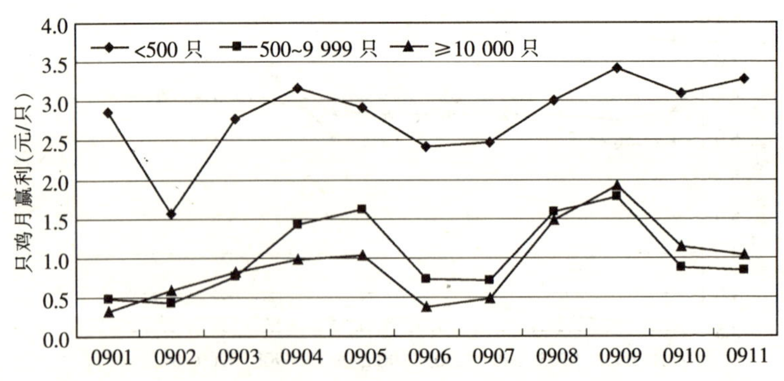

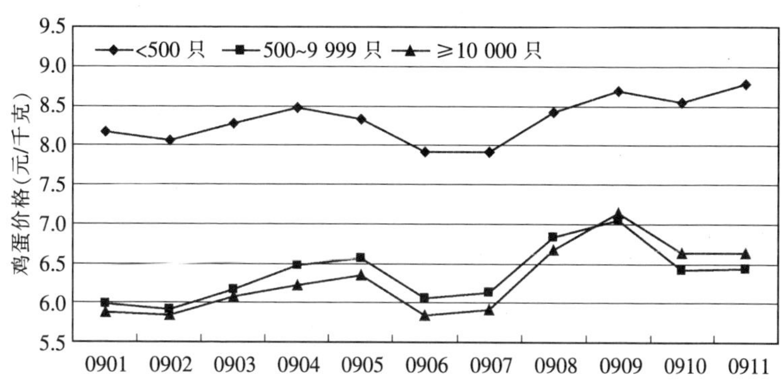


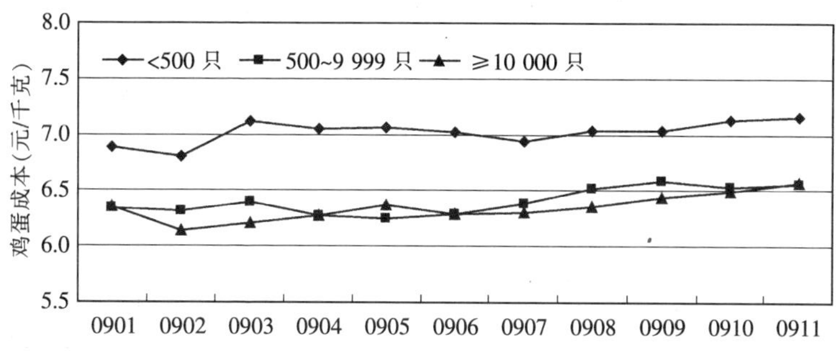


## （四）不同区域的比较

2009 年 1～11 月，南方 5 个主产省（江苏、安徽、湖北、湖南、四川）平均的只鸡赢利、鸡蛋价格和鸡蛋成本均高于同期北方 6 个主产省（河北、辽宁、吉林、黑龙江、山东、河南）的平均水平。此外，南方的平均鸡蛋价格在 1～11 月均高于其平均成本，而北方的平均鸡蛋价格在本年度前 11 个月中有 6 个月低于其平均成本。与 2008 年相比，在 2009 年的只鸡赢利总体增长的情况下，南方 5 省只鸡赢利的上升幅度大于北方 6 省。

从 2009 年前 11 个月的平均情况来看，河北、江苏、黑龙江、四川和山东 5 省的蛋鸡养殖效益较差，月平均不足 1 元/只；而湖南养殖效益最好，月平均达 7.74 元/只；安徽、吉林、河

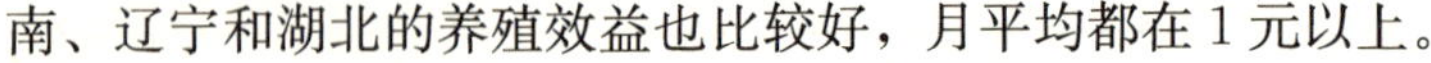
南、辽宁和湖北的养殖效益也比较好，月平均都在 1 元以上。

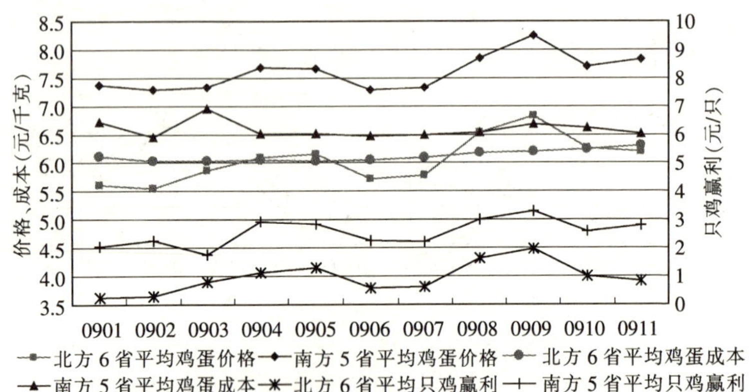


**表 1 2009 年 1～11 月各省只鸡赢利平均值及位次**

| | 湖南 | 安徽 | 吉林 | 河南 | 辽宁 | 湖北 | 山东 | 四川 | 黑龙江 | 江苏 | 河北 |
|---|---|---|---|---|---|---|---|---|---|---|---|
| 月平均 | 7.74 | 2.89 | 1.51 | 1.28 | 1.20 | 1.05 | 0.70 | 0.66 | 0.64 | 0.42 | 0.37 |
| 位 次 | 1 | 2 | 3 | 4 | 5 | 6 | 7 | 8 | 9 | 10 | 11 |

据了解，近年我国东北地区的蛋鸡存栏减少较为明显，而南方蛋鸡养殖量有逐渐增多之势，一些规模化养殖企业都看好南方较为优越的自然气候条件，准备在南方设立大型养殖基地，蛋鸡行业呈现出养殖分散化的趋势，以往“北蛋南运”的格局亦有所改变。

## 四、2010 年蛋鸡产业发展趋势预测

从行业的发展趋势来看，2002 年后，高速发展的蛋鸡产业，逐渐进入了一个业内自我整合阶段，饲养品种、雏鸡质量、饲养规模、营销手段、行业自律、政府政策等各方面都在逐渐发生变

化，特别是连续几年的“禽流感”事件，更加快了行业的整合，标准化、规模化养殖的趋势越来越明显。但是，不可否认我国蛋鸡产业目前还存在突出的问题，小规模大群体的养殖方式、粗放式的生产经营、盲从性的进入和退出市场，导致行业发展起伏明显，呈现出周期性的波动态势，大约每2年半至3年为一个大的饲养周期。根据对2005年以来我国蛋鸡养殖业的供需波动情况的了解：

- 2005年6月至2006年9月，蛋鸡养殖利润低谷期。
- 2006年9月至2007年10月，蛋鸡养殖高利润期。
- 2007年11月至2009年3月，蛋鸡养殖利润低谷期。
- 2009年3月以来，蛋鸡养殖利润逐渐攀升。

从周期规律来看，几乎每一年半一波行情，或者说每三年一个周期更替。这在时间上与蛋鸡养殖的自然周期相吻合，一批蛋鸡的养殖周期为72周（500多天），大约1年半的时间，正好构成一轮波动周期的上升或下降行情。由此，从行业发展规律判断，目前，我国蛋鸡行业正处于本轮波动周期的向好行情，从今年年初开始，已有近1年的时间。按照以往的规律，直到2010年上半年（5～8月）应该都是一个蛋鸡养殖的高利润期。2010年春节过后，蛋鸡养殖效益和鸡蛋价格都将达到峰值；而明年秋天以后，由于上半年的较好行情推动春季进雏量的增加，供给的增多又会导致价格下跌，从而进入本轮波动周期的下降行情，蛋鸡养殖业又将迎来“寒冬”。

根据来自种鸡企业的反馈，今年秋季，农户进雏的积极性不高；而监测数据也反映出后备鸡存栏10月、11月连续下降，加之冬季并非上雏的有利时机，因此，预计12月份至明年年初，后备鸡存栏会继续小幅下降。由于本期的后备鸡存栏将直接决定4、5个月后的产蛋鸡存栏量，所以，明年上半年（3月份左右）的产蛋鸡存栏也会处于较低水平，进而影响到鸡蛋总产量也将随之下降。

2009 年年底和 2010 年年初，预计因元旦、春节等节日拉动效应，鸡蛋价格会不断上涨。而节后（2010 年 3、4 月份），由于产蛋鸡存栏的下降，鸡蛋供给减少，使得价格不会立即大幅下降，甚至还有可能上升，养殖效益较好。如果不出现大的禽流感等疫情，明年蛋鸡养殖形势将是比较理性、平稳的发展态势。

## 五、发展建议

### （一）发展适度规模养殖是必然趋势

目前我国大部分农村地区仍是一家一户分散饲养，饲养技术、管理方式等都相对落后，因缺乏足够的资金、技术，存在诸多生物安全隐患，疫病防控能力较差，难以保证产品质量。这些都为大规模机械化养鸡提供了广阔的市场发展机遇。当然，也并不是规模越大越好，规模过大会使饲养资源过度消耗，生态环境恶化，疫病防控成本倍增等等，只有实现适度规模，才能获得最大的经济效益。而集约化生产可以改善饲养环境，提高单位生产率，有效控制疫病，使蛋鸡业实现高水平、高效益生产。可以说，今后我国蛋鸡业的发展模式，不但要继续发展适度规模饲养农户，还要重视发展大中型现代化养鸡场。

### （二）提升蛋品质量是当务之急

我国鸡蛋产量大、品种多，但没有形成品牌优势。人们大多习惯于从集贸市场上购买鸡蛋，鸡蛋的新鲜度、药物残留、沙门氏菌污染情况无从查证，出了问题无法查找责任，“问题鸡蛋事件”给国内的禽蛋业上了生动的一课。对国内外两个市场都形成了不小的影响，市场突然萎缩、出口遭到退货，企业和养殖户都遭受了不同程度的损失，也打击了消费者的信心。如何解决好食品安全问题、有效抗御突发性公共安全问题，无情地摆在了行业面前。所以应鼓励蛋鸡养殖企业面向市场，树立优质产品的品牌战略，通过选择高产鸡蛋品种、合理配制饲料和科学饲养管理，辅之以科学的、逐步完善的管理方案，以生产适应于国际市场需求的产品，逐步打入国际市场。

### （三）充分发挥政府宏观调控职能，降低行业风险

制定有利于蛋鸡行业发展的相关政策，进行宏观调控。一是制定蛋鸡行业发展规划，明确政府财政补贴的方向和重点，同时对行业总量进行监测与控制，保证供求均衡。二是实行价格补贴，维持蛋鸡产业链价格体系的稳定。加大对主要饲料原料玉米、大豆等农作物的补贴，从根本上解决饲料原料成本高的问题，降低外部经济环境造成的价格大起大落，保证蛋鸡企业获得正常的利润空间。三是尽快出台蛋鸡保险政策，落实畜禽养殖保险业务，减少蛋鸡行业受到不可控因素的影响，降低行业风险，确保养殖生产平稳进行。四是尽快建立蛋鸡养殖风险基金。建立风险基金，可解决两个亟待解决的问题，一是万一发生疫病扑杀后，可强制对百姓补偿；二是市场波动损失大时调节补偿，这样养殖户所受的损失就会少一些，重新启动生产速度也会快一些。五是建立全行业从业者统一的档案数据库系统，加快蛋鸡行业信息化建设，实现全国蛋鸡产品价格和原料以及其他生产资源价格的跟踪、报告和管理，准确预报价格趋势，以及在此基础上的产品行情预报。六是建立疫病疫情动态的数据监测系统，在第一时间以最快速度确定疫情发生点，进行迅捷有效的疫情控制，把传染病的危害降到最低。通过以上措施，逐步实现蛋鸡产业的一体化、有序化发展。

### （四）加大投入，推动国内优良种鸡资源研发体系的建立和完善

针对目前国内蛋鸡品种长期依赖进口，种源权受国外企业控制的现状，我国应加大对种禽良种繁育基地建设的投入力度，尽

快推动我国种鸡资源自主研发体系的建立和完善。调研反馈中，山东郓城昌隆种禽公司、陕西大匠农科产业有限公司等多家蛋鸡企业积极呼吁中央和地方政府加大对国产优良蛋鸡品种的育种、养殖的支持力度，如节粮型北农大 3 号等品种，目前市场上苗鸡供不应求，建议加大投资力度，扶持国内优良品种产业规模的迅速扩大。建立和完善优良种鸡资源的自主研发体系，不仅可以降低蛋鸡养殖企业的养殖成本，同时有利于增强我国蛋鸡企业的自主能力，增强抵御国际金融危机和国际流通市场波动的不利影响。

### （五）实行行业准入制度，落实入市前的检验检疫制度

对蛋鸡养殖场确定基本的市场准入门槛，以更准确地了解数量和产量，保障行业的整体利益。立足现有条件和资源，对蛋鸡产业进行改造和升级，有计划分步骤的向理想状态靠拢。为了保障行业的整体利益，严格控制祖代鸡的数量和规模，对申报数量和出售父母代数量不吻合（主要考核指标）的企业加重处罚，甚至取消资格。要鼓励疾病净化较好的企业对祖代鸡进行强制换羽工作。更要充分发挥质量监管部门的监督检查职能，严格检查程序，加强监管力度；并在各类销售终端设立检验检疫部门，杜绝不合格的种鸡和鸡蛋进入市场。

### （六）提高蛋品加工水平，提升产业国际竞争力

因此，要加大资金投入，开发蛋品加工技术，研制高附加值的蛋制品，并加快技术转化速度，扩大新产品生产规模，把不易储存和运输的鲜蛋更多地转化成各种蛋制品，可以利用我国蛋品的低成本，逐渐形成较强国际竞争优势，开拓更加广阔的国际市场。

### （七）鼓励和引导农民成立蛋鸡养殖合作社，推动蛋鸡的规模化、专业化养殖

蛋鸡养殖合作社是解决蛋鸡行业目前困境的一种有效手段，

发达国家的发展历程已经充分证明了这一点。随着城市化进程的加快和市场准入制度的实行，中小散户的鸡蛋直接进入市场的比例将逐步降低，经过鸡蛋加工企业的加工、处理、包装进入的份额逐步上升。龙头企业负责市场的风险，养殖户只承担养殖的风险。市场一旦形成这种格局，龙头企业或合作社就会规范养殖户的品种、规模和质量，实现市场的有序发展，推动蛋鸡养殖走向适度的规模化和自动化。由于我国的农民合作社刚刚起步，所以政府必须加大扶持力度和规范力度，如对符合要求的蛋鸡养殖合作社给予直接补贴等。

## 主要参考文献

曲鲁江，杨宁．我国蛋鸡产业技术发展与普及的契机——记国家蛋鸡产业技术体系启动大会．中国畜牧杂志，2009（6）

吕广宙．我国蛋鸡产业结构存在的问题及对策．中国动物保健，2005（6）

王晓峰．蛋鸡产业升级需要整合资源．中国家禽，2009（5）

谢永刚．2008年蛋鸡市场回顾和2009年蛋鸡行情预测．中国禽业导刊，2008（24）

# 中国蛋鸡产业集聚与产业布局*

曹光乔[1]　潘丹[2]

（1. 农业部南京农业机械化研究所，江苏南京，210014；
2. 南京农业大学经济管理学院，江苏南京，210095）

蛋鸡产业的发展在中国具有悠久的历史，自 20 世纪 80 年代以来取得了快速发展。目前，我国禽蛋生产总量已连续 20 多年雄居世界第一位，蛋鸡产业已成为国民经济的新兴支柱产业，对提高农民收入、促进农业和农村发展发挥了重要作用。作为世界上最大的禽蛋生产大国和消费大国，中国蛋鸡的产业集聚和产业布局的变化不但会影响国内鸡蛋的供给总量，而且对国内外鸡蛋价格稳定和中国蛋鸡产业发展产生深远的影响。合理的蛋鸡产业布局有利于蛋鸡产业技术体系的建立和蛋鸡产业链的发展，而技术体系、产业链的完善又反过来影响着蛋鸡产业布局的优化和竞争力的提升，因此研究中国蛋鸡产业布局变化规律及其影响因素，不仅对国家制定科学的蛋鸡产业政策有重要意义，而且对于建立一种生产区域相对集中且稳定的新型蛋鸡生产空间结构，促进全国蛋鸡生产可持续发展都有着十分重要的现实意义。

近年来，我国蛋鸡的产业布局发生了很大的变化。1983 年，我国十个产蛋大省分别是山东、江苏、四川、湖北、河南、黑龙江、湖南、辽宁、河北、安徽，蛋鸡生产主要在南方，而到了

* 本研究报告得到“国家蛋鸡产业技术体系建设专项经费”资助。

2008年原先分别排名第二和第三位的江苏和四川退位到第五和第六位，而原先处于第五和第九位的河南和河北，分别上升到第二和第一位。我国蛋鸡的生产布局呈现出由南向北集中的趋势。现有的文献中仅仅关注了我国蛋鸡产业布局的这种变化特征（马美湖，2004），但对产区变动的深层原因及其规律的研究较少，同时现有研究也较少关注蛋鸡产业的集聚水平。因此，本报告从我国蛋鸡产业发展现状出发，在总结我国蛋鸡主产区和主消区分布的基础上阐述我国蛋鸡产业布局的现状，分别从我国不同区域蛋鸡增长率的变动以及蛋鸡主产地分布的变动分析我国蛋鸡产业布局的变动情况，同时从比较优势、成本收益等方面说明我国蛋鸡产业布局变迁的原因，另外也对我国蛋鸡产业的产业集聚进行了测度，以便为我国蛋鸡产业布局的优化和产业集聚水平的提高提供一个系统的框架。

## 一、中国蛋鸡产业发展现状

自20世纪80年代开始，我国蛋鸡产业取得了举世瞩目的发展。1980年中国禽蛋产量占世界总产量的比重只为8.94%，到2005年上升到41.09%，25年间增加了32.15个百分点。1980年以后，禽蛋总产量发展速度在世界最快的是中国，此期间世界蛋类年平均增长速度是2.39%，中国是13.32%。1980年美国是蛋鸡产量最高的国家（413万吨），中国的年产量只是美国的62.23%，1984年中国一跃超过美国，发展到2007年，中国的禽蛋产量是美国的4.76倍（见表1）。

**表1　禽蛋产量国际比较**

单位：万吨

| 1961 | | 1984 | | 2002 | | 2007 | |
|---|---|---|---|---|---|---|---|
| 国家 | 产量 | 国家 | 产量 | 国家 | 产量 | 国家 | 产量 |
| 美国 | 397 | 中国 | 451 | 中国 | 2 501 | 中国 | 2 529 |

（续）

| 1961 | | 1984 | | 2002 | | 2007 | |
|---|---|---|---|---|---|---|---|
| 国家 | 产量 | 国家 | 产量 | 国家 | 产量 | 国家 | 产量 |
| 苏联 | 165 | 苏联 | 427 | 美国 | 513 | 美国 | 531 |
| 中国 | 152 | 美国 | 398 | 日本 | 251 | 印度 | 267 |
| 日本 | 90 | 日本 | 213 | 俄罗斯 | 203 | 日本 | 253 |
| 英国 | 76 | 德国 | 113 | 印度 | 200 | 墨西哥 | 230 |
| 德国 | 68 | 巴西 | 98 | 墨西哥 | 190 | 俄罗斯 | 211 |
| 法国 | 52 | 法国 | 90 | 巴西 | 161 | 巴西 | 177 |
| 意大利 | 38 | 印度 | 79 | 法国 | 99 | 印度尼西亚 | 130 |
| 波兰 | 35 | 墨西哥 | 74 | 印度尼西亚 | 91 | 伊朗 | 88 |
| 荷兰 | 34 | 英国 | 72 | 德国 | 87 | 德国 | 80 |
| 世界 | 1 513 | 世界 | 3 079 | 世界 | 5 971 | 世界 | 6 775 |

数据来源：FAO 世界农业统计数据库（FAOSTAT）数据库。

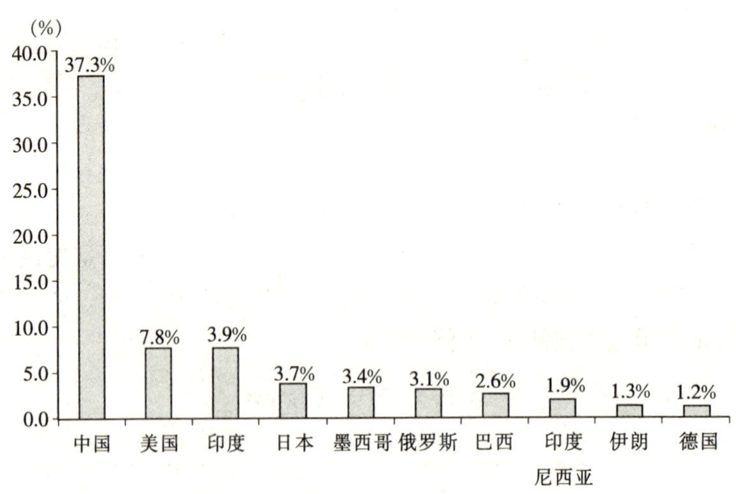


图 1　2007 年世界禽蛋产量十强国家

数据来源：FAO 世界农业统计数据库（FAOSTAT）数据库。

2007 年禽蛋产量位居世界前十名的国家有：中国、美国、印度、日本、墨西哥、俄罗斯、巴西、印度尼西亚、伊朗和德国。其中我国禽蛋总产量 2 529 万吨，占世界总产量的 37%，其他九个国家禽蛋产量合计为 1 967 万吨，只为中国的 77.8%（见图 1）。

## 二、中国蛋鸡产业布局现状

### （一）中国蛋鸡产业总体发展概况

20 世纪 70 年代初，为解决城市副食品供应紧张的问题，中国一些大城市开始在郊区发展工厂化养蛋鸡生产。到 80 年代后期，在粮食产量增长、政府“菜篮子”工程政策等综合因素的促进下，全国各大中城市纷纷兴建国有和集体所有制的大中型机械化养鸡场，蛋鸡饲养规模一般在 10 万只以上。这些大型机械化养鸡场的建立，大大提高了中国蛋鸡饲养业的现代化水平，推动了中国禽蛋的商品化生产，也带动了相关产业的发展。随着农村剩余劳动力的增加和农业产业结构的调整，20 世纪 80 年代中期以后，广大农民把禽蛋生产作为脱贫致富的重要途径，家庭专业化蛋禽饲养迅速兴起，从几百只到成千上万只，直至发展成股份合作或私营大型机械化蛋禽饲养场。随着各类专业化禽蛋生产方式的快速发展，禽蛋的产量持续上升。虽然经历了 1992 年、1995 年、1997 年全国鸡蛋市场周期性滑坡之后，许多企业经受住了市场波动和竞争的冲击，生产继续发展，农村养殖户的数量也在增加，社会禽蛋总产量继续增长（马美湖，2004）。

我国蛋鸡的发展阶段大致可以分为三个阶段：第一阶段是从 1980—1990 年的积累阶段，我国禽蛋年平均增长率达到 10.82%；第二阶段是从 1990—2000 年的爆发发展阶段，正是蛋鸡业由城市向农村转移，大量涌现的养鸡专业户推动了蛋鸡生产的第二高潮，年平均递增率达到 9.61%；2000 年以后，我国禽

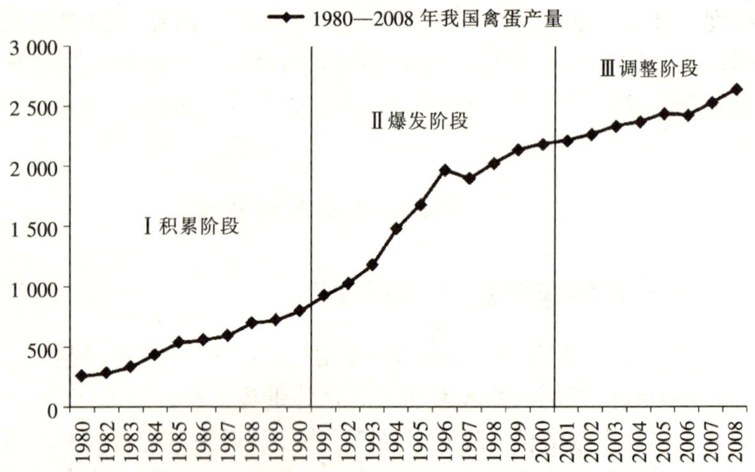


图 2　1980—2008 年我国禽蛋产业发展阶段划分（单位：万吨）

数据来源：《改革开放三十年农业统计资料汇编》。

蛋生产进入稳定期，处于调整阶段，2000—2008 年平均增长率只有 2.13%。我国蛋鸡产业经过 20 多年的发展逐渐成为成熟的产业，产业与生产结构经过多次变革，更趋符合经济规律。1985 年我国禽蛋产量为 534.7 万吨，到 2008 年增长到 2 702 万吨，我国禽蛋在 1985—2008 年的全国平均增长速度为 6.98%。

### （二）中国鸡蛋主产地分布

中国鸡蛋生产地主要集中在河北、河南、山东、辽宁、江苏、四川、湖北和安徽八个省（见表 2）①。从 2000 年开始，八个省的年禽蛋产量都在 100 万吨以上，且禽蛋产量之和占全国的比重逐年增大。1985 年，八个省禽蛋产量之和为 331.4 万吨，

① 本报告用禽蛋产量中鸡蛋所占比重近似代替蛋鸡的产量，依目前我国禽蛋产品中，鸡蛋产量占禽蛋总产量的 85%，其他禽蛋占 15%的比例替代。

占全国禽蛋产量的 62%；2008 年，八个省禽蛋产量之和为 1 953.2万吨，占全国比重为 72.3%；1985—2008 年间八个主产省的禽蛋产量增加了 4.89 倍，年均增长速度为 7.67%，均高于全国同期增长平均水平（全国产量增加了 4.05 倍，年均增长速度为 6.98%）。

**表 2　我国蛋鸡主产区分布情况**

单位：万吨

| 年份＼省份 | 山东 | 河南 | 河北 | 江苏 | 辽宁 | 四川 | 安徽 | 湖北 | 八省占全国比重 |
|---|---|---|---|---|---|---|---|---|---|
| 1985 | 72.5 | 37.1 | 33.4 | 60.7 | 30.4 | 32.5 | 24.7 | 40.1 | 62.0% |
| 1990 | 124.3 | 59.6 | 51.3 | 89.7 | 45.2 | 47.1 | 32.6 | 51.9 | 63.1% |
| 1995 | 317.4 | 140.0 | 205.3 | 175.3 | 102.8 | 79.2 | 51.2 | 87.9 | 69.1% |
| 1996 | 360.9 | 201.9 | 268.0 | 190.7 | 115.9 | 87.7 | 66.9 | 101.6 | 70.9% |
| 1997 | 294.3 | 187.7 | 300.7 | 151.1 | 130.5 | 73.6 | 87.2 | 118.2 | 70.8% |
| 1998 | 322.0 | 229.3 | 319.0 | 157.1 | 131.6 | 80.4 | 94.7 | 121.6 | 72.0% |
| 1999 | 349.1 | 251.8 | 338.6 | 168.2 | 134.4 | 89.4 | 102.4 | 105.5 | 72.1% |
| 2000 | 366.2 | 270.0 | 357.0 | 181.4 | 140.3 | 99.7 | 107.4 | 102.6 | 74.5% |
| 2001 | 379.0 | 286.0 | 369.6 | 180.1 | 148.4 | 108.8 | 112.7 | 108.2 | 76.6% |
| 2002 | 399.4 | 302.0 | 389.4 | 187.3 | 159.8 | 121.1 | 115.3 | 112.1 | 78.8% |
| 2003 | 424.7 | 326.2 | 415.2 | 188.2 | 169.5 | 133.6 | 119.8 | 117.4 | 81.2% |
| 2004 | 432.9 | 347.4 | 432.9 | 175.4 | 192.4 | 145.2 | 120.0 | 118.1 | 82.9% |
| 2005 | 441.8 | 375.3 | 459.0 | 182.0 | 224.0 | 157.2 | 122.1 | 121.3 | 85.4% |
| 2006 | 353.9 | 329.5 | 382.3 | 152.5 | 195.2 | 141.1 | 101.6 | 102.6 | 72.6% |
| 2007 | 359.9 | 336.7 | 396.4 | 166.1 | 204.1 | 145.2 | 108.6 | 110.3 | 72.3% |
| 2008 | 365.0 | 371.7 | 411.0 | 172.1 | 254.2 | 143.0 | 112.1 | 124.1 | 72.3% |

数据来源：历年《中国畜牧业年鉴》。

八个主产省中，河北、山东、河南三省产量最大，且增长速度最快，成为全国蛋鸡的重要商品基地和最重要的禽蛋产区、商品蛋的生产集中区，影响着全国和大城市的鸡蛋供应和市场价格。1982 年，三省禽蛋产量之和为 51.3 万吨，占全国禽蛋总量的 18.27%，占八个主产省区禽蛋总量的 34.29%；2008 年，三省禽蛋产量之和为 1 148 万吨，与 1982 年相比增加了 21.37 倍，占全国禽蛋总量的比重为 42.49%，占八个主产省区禽蛋总量的比重为 58.76%，年均增长速度为 12.20%，均高于全国和八个主产省份的年增长率。

河北、山东和河南三个省份中，山东的禽蛋产量最大，1982—2003 年中，除了 1997 年以外，其余年份山东禽蛋产量都位居全国第一，虽然从 2004 年开始，河北省的禽蛋产量逐渐超出山东省，成为全国第一，但两个省份的禽蛋产量差异不大，2003 年，山东禽蛋产量为 424.7 万吨，占全国禽蛋总量的比重为 16.29%，2008 年，山东禽蛋产量为 365 万吨，占全国禽蛋总量的比重为 13.51%，位居全国第三，比位居第一的河北省禽蛋产量低 46 万吨。

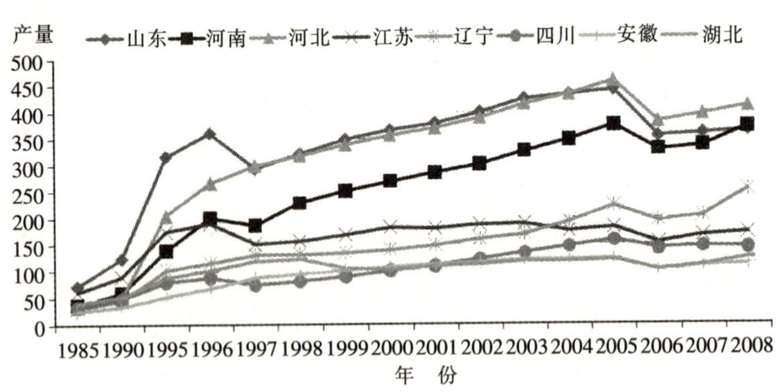


图 3 1985—2008 年我国蛋鸡主产省禽蛋产量（单位：万吨）

数据来源：历年《中国畜牧业年鉴》。

河北、山东和河南三个省份中，河北省的禽蛋产量增长最快，1982 年河北省禽蛋产量只有 1.4 万吨，占全国禽蛋总量的比重为 0.51%，位居全国第 26 名，为第 1 名山东省禽蛋产量的比重为 4.22%；从 1995 年开始，河北禽蛋产量位居全国第二，其中 1997 年超过了山东，位居全国第一；2003 年，河北禽蛋产量为 415.2 万吨，占全国禽蛋总量的比重为 15.93%，与第 1 名的山东省仅差 9.5 万吨，2004 年以后，河北省的禽蛋产量一直稳居全国第一，2008 年河北省的禽蛋产量达到 411 万吨，与 1982 年相比产量增长了 293.57 倍，年均增长速度为 22.50%，远远高于其他省市和全国的平均水平，占全国的比重也从 1982 年的 0.51%增加到了 2007 年的 15.21%，增加了 14.7 个百分点。2003 年河北省人均占有禽蛋 61.34 千克，远远高于其他省市，大部分禽蛋都销往省外。其中河北省官陶县建有我国北方最大的蛋品批发市场，日销售达 4 000 吨以上，不但使河北的禽蛋源源不断地运往全国各省，山东、河南也都利用这个市场，许多南方省市也在河北购买廉价的禽蛋，而且还远销日本、俄罗斯和韩国等地（刘少伯，2002）。

### （三）中国鸡蛋主消费区分布

北京、天津、上海、福建和广东是我国禽蛋的主要消费地区，五省市禽蛋产量虽然有所增加，但增长速度较慢，尤其近几年增长更慢，有的省市甚至产量开始下降，同时占全国的比重总体上也呈下降趋势。1982 年，五省市禽蛋产量合计为 27.3 万吨，占全国禽蛋总量的比重为 9.73%；2007 年，五省市禽蛋产量合计为 106.5 万吨，比重为 3.94%；产量仅增加了 3.9 倍，年均增长速度为 5.17%，都远远低于全国和主产区的增长速度，同时占全国的比重下降了 5.79 个百分点。由于边际成本的不断提高，经济效益不断下降，大城市蛋鸡业亏损严重，只好走向产业转移这条路。五省区已成为禽蛋依靠市场的购进区，京津沪成为冀鲁豫抢占的市场。这表明我国禽蛋生产出现了明显的区域化趋势。

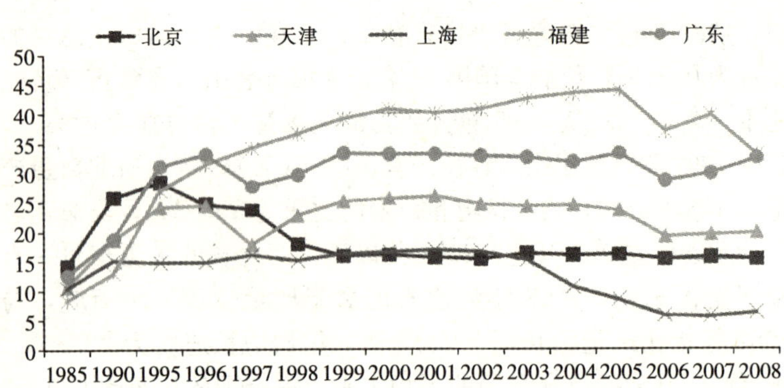


图 4　1985—2008 年各主消省禽蛋产量（单位：万吨）

数据来源：历年《中国畜牧业年鉴》。

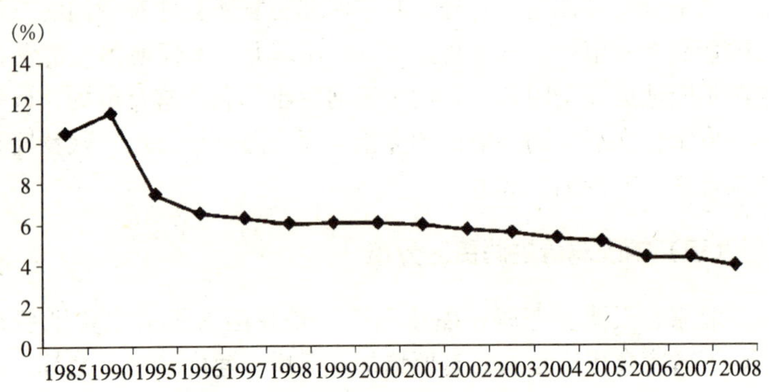


图 5　1985—2008 年各主消省禽蛋产量占全国禽蛋比例变化

数据来源：历年《中国畜牧业年鉴》。

## 三、中国蛋鸡产业布局变动

### （一）我国不同区域鸡蛋增长率的变动

1985—2008 年间，我国蛋鸡产业发展迅速，全国禽蛋产量年平均增长率达到 6.98%，其中，年增长率高于全国增长速度的省份有河北（11.02%）、河南（10.08%）、辽宁（9.25%）、宁夏（7.61%）、新疆（7.59%）、山西（7.44%）、吉林（6.99%）共7个省份。而江苏、湖北、湖南等几个原禽蛋生产大省的年平均增长率分别只有4.44%、4.82%和5.47%，明显低于同期全国平均6.98%的水平，广西，上海等地甚至出现了零增长或负增长现象，我国南方逐渐退出禽蛋生产主导地位，出现禽蛋生产向北方移动的趋势。

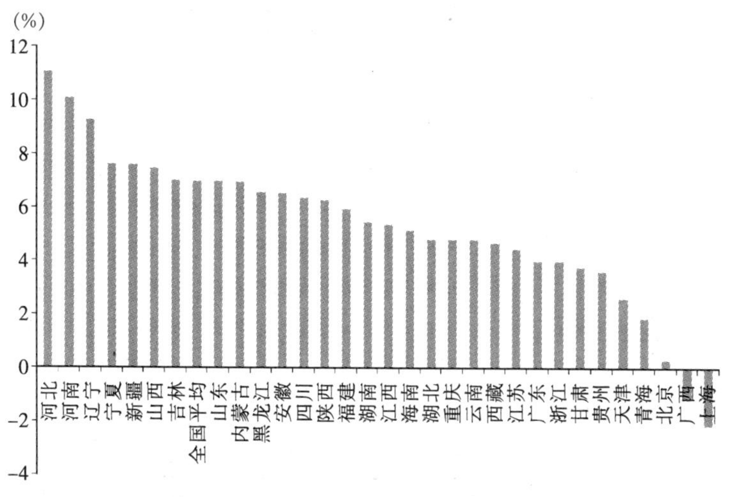


图6　1985—2008年我国各省市禽蛋年平均增长率

数据来源：历年《中国畜牧业年鉴》。

为了更加清楚的反映中国蛋鸡生产区域的变动，分为华北、东北、西北、东南、华中和西南6个地区。表3反映的是从1985—2008年间中国鸡蛋生产的不同区域的增长率及产量比重的变化情况。从表中可以看出，1985—2008年间，我国北部地区禽蛋的平均增长速度高于南部地区，禽蛋生产年平均增长率最高的是华北地区，最低的是东南地区。华北地区禽蛋产量的年平均增长率为8.42%，其禽蛋产量占全国的比重增加了12.62个百分点。与此相对应，东南地区禽蛋产量的年平均增长率为4.12%，其禽蛋产量占全国的比重减少了9.69个百分点。禽蛋生产占全国总产量的比重在经济较为发达的东南地区下降的很快，而在经济相对落后的华北和东北地区则不断上升，由此可见，我国北方地区的禽蛋生产的增长速度远远高于南方，禽蛋生产的主产地从南部向北部集中。

**表3　中国禽蛋生产的不同区域的增长率及产量比重的变化**

| | 1985—2008年平均增长率（%） | 禽蛋产量比重变化（%） | | |
|---|---|---|---|---|
| | | 1985年 | 2008年 | 变化百分点 |
| 全国 | 6.98 | 100.00 | 100.00 | — |
| 北部地区平均 | 7.48 | 17.36 | 22.42 | 5.06 |
| 华北地区 | 8.42 | 33.42 | 46.04 | 12.62 |
| 东北地区 | 7.92 | 14.44 | 17.78 | 3.34 |
| 西北地区 | 6.10 | 4.21 | 3.45 | −0.76 |
| 南部地区平均 | 5.51 | 15.98 | 10.91 | −5.07 |
| 东南地区 | 4.12 | 20.24 | 10.55 | −9.69 |
| 华中地区 | 5.50 | 18.81 | 13.46 | −5.35 |
| 西南地区 | 6.90 | 8.88 | 8.72 | −0.16 |

注：东北地区包括内蒙古、黑龙江、辽宁、吉林；华北地区包括北京、天津、河北、山西、山东、河南；西北地区包括陕西、甘肃、青海、宁夏、新疆、西藏；东南地区包括上海、江苏、浙江、福建、广东；华中地区包括安徽、江西、湖北、湖南；西南地区包括广西、重庆、四川、贵州、云南、海南。

数据来源：历年《中国畜牧业年鉴》。

## （二）我国鸡蛋主产地分布的变动

1983—2008年中国禽蛋主产省排名变动情况，也可从另一方面反映出蛋鸡的生产布局变动（见表4）。可以发现，近20年来，我国蛋鸡的生产布局发生了变化。1983年，我国十个产蛋大省分别是山东、江苏、四川、湖北、河南、黑龙江、湖南、辽宁、河北、安徽，禽蛋产量主要在南方。除山东外，河南、河北虽也在十省之内，但地位远低于现在。而到了 2008 年原先分别排名第二和第三位的江苏和四川退位到第五和第六位，而原先处于第五和第九位的河南和河北，分别上升到第二和第一位，我国禽蛋的生产布局呈现出向华北玉米带（山东、河南、河北）集中的趋势。

**表 4　1983—2008 年中国鸡蛋主产省排名变动情况**

单位：万吨

| 次序 | 1983 年十强 | | 1990 年十强 | | 2000 年十强 | | 2008 年十强 | |
|---|---|---|---|---|---|---|---|---|
| 1 | 山东 | 41.1 | 山东 | 124.3 | 山东 | 366.2 | 河北 | 411 |
| 2 | 江苏 | 32.1 | 江苏 | 89.7 | 河北 | 357 | 河南 | 371.7 |
| 3 | 四川 | 26.4 | 河南 | 59.6 | 河南 | 270 | 山东 | 365 |
| 4 | 湖北 | 24.5 | 湖北 | 51.9 | 江苏 | 181.4 | 辽宁 | 254.2 |
| 5 | 河南 | 21.4 | 河北 | 51.3 | 辽宁 | 140.3 | 江苏 | 172.1 |
| 6 | 黑龙江 | 19.6 | 四川 | 47.1 | 安徽 | 107.4 | 四川 | 143 |
| 7 | 湖南 | 18.7 | 辽宁 | 45.2 | 湖北 | 102.6 | 湖北 | 124.1 |
| 8 | 辽宁 | 17.5 | 安徽 | 32.6 | 四川 | 99.7 | 安徽 | 112.1 |
| 9 | 河北 | 16.7 | 黑龙江 | 30.9 | 吉林 | 80 | 黑龙江 | 93.7 |
| 10 | 安徽 | 15.5 | 湖南 | 27.9 | 黑龙江 | 75.3 | 湖南 | 87.5 |

数据来源：历年《中国畜牧业年鉴》。

## 四、中国蛋鸡产业布局变迁的经济分析

### （一）影响中国蛋鸡产业布局因素的理论分析

理论上讲，众多蛋鸡饲养者饲养规模的变化加总形成了中国蛋鸡产业布局的变动，蛋鸡饲养者的微观决策机制在一定程度上引致了中国蛋鸡产业布局的变动，因此本报告将从蛋鸡饲养者的经济行为出发，研究中国蛋鸡产业布局变迁的原因。

按照理性经济人的假设，饲养者的蛋鸡饲养行为是在权衡饲养蛋鸡可以得到的收益和需要付出的成本之后而做出选择的结果。因此，任何影响饲养者饲养蛋鸡所获得收益和需付出成本的因素都会对蛋鸡饲养行为产生影响，从而对中国的蛋鸡产业布局变动产生影响。

（1）作为理性经济人，饲养者在决定是否饲养蛋鸡时，会权衡蛋鸡和其他畜产品的经济收益情况。因此，畜牧业内部的比较收益会影响饲养者的蛋鸡饲养行为。另外，除了畜牧业内部的比较收益外，在农业内部中，畜牧业和种植业的比较收益也会影响到饲养者的蛋鸡饲养行为。

（2）随着城镇化和工业化进程的加快，大量的农村劳动力从农村转向城市，从第一产业流向第二、三产业，饲养者的蛋鸡饲养行为不但会受到畜牧业内部的比较利益，还会受到非农就业机会的影响。在存在非农就业的情况下，理性的饲养者会极大化自己的非农收入和农业收入之和，如果饲养蛋鸡所获得的收入小于同样时间所能获取的非农收入，那么饲养者就会选择不饲养蛋鸡，反之，则会选择饲养。但是，由于不同地区经济发展水平存在较大差异，因而各地区饲养者的非农就业机会也存在着差异，进而会对不同地区饲养者的蛋鸡饲养行为造成不同影响。

（3）新空间经济学认为交通运输条件是影响产业布局的一个重要因素（杨春，2009）。一方面，交通运输条件的改善可以改善基础设施条件，从而使得蛋鸡饲养者更易于采用新技术，促使技术进步和经济增长，提高蛋鸡生产率，带动生产积极性；另一方面，交通运输设施的改善也能够给当地蛋鸡的生产销售提供更加便利的条件，提高要素的投入产出比，促进生产效益的增加，从而对饲养者的蛋鸡决策行为产生影响。

（4）蛋鸡生产中伴随着快速的技术进步，如蛋鸡品种和饲养技术的变化，这些技术进步提高了蛋鸡的单产水平，但是，由于不同地区技术进步存在着差异，因此，技术进步对各地区的蛋鸡生产布局会产生不同影响。

根据上述理论分析，本报告提出以下的待检验假说：①一个地区畜牧业饲养相对于其他农业的比较收益越高，该地区鸡蛋产量占全国的比重越高；②一个地区蛋鸡饲养相对于其他畜产品的比较收益越高，该地区鸡蛋产量占全国的比重越高；③一个地区的城镇化水平和农民的非农就业机会越多，其鸡蛋产量占全国的比重越低；④运输条件越好的地区，蛋鸡产量占全国的比重越高；⑤技术进步对一个地区蛋鸡产量占全国比重的影响是不确定的，因为在技术进步的作用下，如果一个地区其他畜牧业的单产相对于蛋鸡的单产提高的更快的话，在比较优势的基础下，会导致该地区蛋鸡的饲养比重下降，由于我国不同地区的技术进步存在着差异，技术进步对蛋鸡产量占全国比重的加总影响是不确定的。

### （二）影响中国蛋鸡产业布局因素的实证分析

**1. 计量模型的构建。**根据上述分析，本报告从畜牧业比较收益、非农就业机会、运输成本、技术进步以及上一期蛋鸡存量等方面对 1985 —2007 年间中国蛋鸡产业布局变迁的影响因素进行分析，具体的计量模型如下：

$$Y_{it}=\alpha_0+\alpha_1 nonagr_{it}+\alpha_2 town_{it}+\alpha_3 distc_{it}+\alpha_4 T+\alpha_5 CBR_{it}+\alpha_6 AAI_{it}+\varepsilon_{it} \quad (1)$$

式中，$Y_{it}$代表 i 省份第 t 年的蛋鸡产量占全国蛋鸡总产量的比重；$nonagr_{it}$代表的是 i 省份第 t 年的农村非农就业人数占总人数的比重，用来反映各省份非农就业机会的大小；$town_{it}$为各省城镇化水平，用城镇人口占总人口的比重来表示；$distc_{it}$代表各省份的运输成本；T 表示技术进步，用时间序列来表示。

$CBR_{it}$代表畜牧业和种植业的比较优势，用各个省份畜牧业和种植业的平均成本收益率来表示。具体的计算公式如下：

$$CBR_{it}=\frac{CBR_{itp}}{CBR_{itf}} \tag{2}$$

式（2）中，$CBR_{itp}$为 i 省份第 t 年的畜牧业（猪、牛、羊、鸡、蛋、奶、鱼）的平均成本收益率；$CBR_{itf}$为 i 省份第 t 年的种植业（粮、棉、油、麻、糖、烟、桑、茶、果）。$CBR_{it}>1$ 表明 i 省份畜牧业生产具有比较优势。

$AAI_{it}$表示蛋鸡和其他畜产品的综合比较优势指数，用来反映各省份畜牧业内部的比较利益。综合比较优势指数是效率优势指数与规模优势指数的几何平均数，然而由于畜产品的单产差异比较大，为方便计算和比较分析，研究中一般将生产效率和生产规模综合起来，运用蛋鸡产品的生产总量直接计算综合优势指数（徐志刚，2001）。具体的计算公式如下：

$$AAI_{it}=\frac{A_{it}/A_i}{A_t/A} \tag{3}$$

式（3）中，$A_{it}$为 i 省份蛋鸡的产量，$A_i$ 为 i 省份畜产品产量，$A_t$ 为全国蛋鸡产量，A 为全国畜产品产量。综合比较优势指数具体反映了特定省份蛋鸡的总产量占该省份所有畜牧业产品产量的比例与全国该比例平均水平的对比关系，实际上是从科技进步、市场需求、产品相对生产效率等多方面衡量了特定省份蛋鸡和其他畜产品的综合比较优势。$AAI_{it}>1$ 表明 i 省份蛋鸡生产具有比较优势，$AAI_{it}$值越大，优势越强。

另外，对于面板数据的分析，还需要确定究竟是采用随机效应模型还是固定效应模型来估计模型参数，我们通过 Hausman 设定检验决定。通常，该假设定义如下：

$H_0$：不可观测的个体效应与解释变量不相关

$H_a$：不可观测的个体效应与解释变量相关

Hausman 统计量定义为：

$$H=(\hat{\beta}_{FE}-\hat{\beta}_{RE})'\left[A\hat{V}ar(\hat{\beta}_{FE})-A\hat{V}ar(\hat{\beta}_{RE})\right]^{-1}(\hat{\beta}_{FE}-\hat{\beta}_{RE})\sim\chi^2_K \tag{4}$$

其中 $\hat{\beta}_{FE}$是固定效应模型估计的参数向量，$\hat{\beta}_{RE}$是随机效应模型估计的参数向量，AVar（β）代表估计的参数的渐近方差。Hausman 统计量 H 服从 $\chi^2_K$ 的分布，其中 K 代表解释变量的个数。通常，如果 Hausman 统计量在统计上显著，则拒绝原假设，即应当选择固定效应模型进行参数估计，否则，应当选择随机效应模型（Woodridge，1999）。

**2. 数据来源及说明。**本研究采用 1985—2007 年间我国分省的截面数据和时间序列数据所构成的面板数据。各省份以及全国蛋鸡产量数据来源于历年的《中国畜牧业年鉴》；各省份以及全国畜牧产品产量来自于《中国农业统计资料》；由于运输成本难于直接量化，借鉴杨春（2009）的研究，本文以各省份各个年份陆地总运输距离与地区行政面积之比表示的运输交通网分布密度来作为运输成本的代理变量，此数据来源于《新中国五十五年统计资料汇编》和《中国统计年鉴》；城镇化水平以城镇人口占总人口比例来表示，数据来自于《中国统计年鉴》；非农就业机会以农村非农就业人数占农村总劳动力数量的比例表示，其中非农就业人数是用农村劳动力人数减去从事农、林、牧、副、渔的劳动力人数后得到的，数据来源于《中国农村统计年鉴》。畜牧业和种植业的比较优势以各个省份畜牧业和种植业的平均成本收益率来表示，数据来自历年的《全国农产品成本收益资料汇编》。

由于 1997 年我国进行了行政区域的调整，重庆成立直辖市，为了保证数据的一致性，本文将重庆和四川合并，同理，也将海南和广东合并。本文的面板数据不包括港澳台地区，另外由于西藏的蛋鸡产量数据缺失比较严重，将其剔除在样本之外。因此本文总共包括 28 个省市、自治区 23 年的数据。

**3. 估计结果与分析。**表 5 显示的是固定效应模型的估计结果，选择固定效应模型进行估计主要是基于两方面的原因考虑：首先，Hausman 统计量为 26.34，在 1%水平上拒绝了随机效应模型；其次，就中国不同省份发展的实际情况来说，各省份自身不可观测的因素对蛋鸡产量比重存在着一定的影响。综合考虑上述两方面因素，本文选择固定效应模型进行具体的参数估计。

采用Stata 10.0软件进行回归，回归结果显示出各个解释变量的系数基本与预期的假设相符。具体而言，模型的主要结果包括：

（1）畜牧业和种植业的比较优势对我国蛋鸡生产布局的影响显著为正。畜牧业比较优势越高的地区，其鸡蛋产量占全国的比重越大。平均而言，畜牧业的比较优势每提高一个单位，鸡蛋产量占全国的比重提高1.953个百分点，这说明在比较利益的驱使下，为获得收益的最大化，生产者会倾向于生产那些在当地更具有比较优势的产业，从而促进该地区该产业的发展。

（2）蛋鸡和其他畜产品的综合比较优势与蛋鸡生产布局成正相关关系。平均而言，在其他条件不变的情况下，蛋鸡的综合比较优势指数每增加一个单位，鸡蛋产量占全国的比重提高1.787个百分点，相对于1985—2007年全国总体鸡蛋产量比重的均值3.72个百分点来说，蛋鸡和其他畜产品的综合比较优势对我国蛋鸡的生产布局有很大的影响。

（3）城镇化水平和非农就业机会对我国蛋鸡生产布局的影响是显著为负。随着城市化水平和非农就业机会的增多，饲养蛋鸡的机会成本逐渐上升，对蛋鸡生产的负面影响也越来越大。平均而言，城镇化水平每提高一个百分点，鸡蛋产量占全国的比重减少0.728个百分点，非农就业机会每增加一个单位会使得鸡蛋产量占全国的比重减少0.924%，这说明农村非农产业发达程度已经是影响蛋鸡生产布局的重要因素之一，蛋鸡的生产布局由以前的主要由自然条件决定逐渐转变为受到经济因素的影响。

（4）运输成本显著地影响着我国蛋鸡的产业布局。一个地区的运输交通网分布密度越高，其蛋鸡产量占全国的比重越大。运输条件的改善给当地的蛋鸡生产和销售带来了更加便利的条件，有利于促进其生产效益的增加，从而带动蛋鸡饲养者的生产积极性。

(5) 技术进步对蛋鸡生产布局的影响显著为负。这说明，从全国范围而言，技术进步使得其他畜产品的成本收益率提高幅度大于蛋鸡成本收益率的提高幅度，影响了蛋鸡饲养的比较效益①，使得蛋鸡的相对比较效益下降，从而对蛋鸡的生产布局产生负面影响。

总体而言，畜牧业和种植业的比较优势、蛋鸡和其他畜产品的综合比较优势、非农就业机会、城镇化水平、运输成本以及技术进步等都是影响蛋鸡生产布局的因素，其中经济方面的因素对中国蛋鸡生产布局的影响尤为突出，蛋鸡生产布局的变迁是蛋鸡饲养户理性行为选择的结果，是资源优化配置的体现。

**表 5　中国蛋鸡生产布局影响因素估计结果：1985—2007 年**

| 变　量 | 回归系数 | 标准误 | T 值 | P 值 |
| --- | --- | --- | --- | --- |
| 畜牧业和其他农业比较收益 | 1.953 | 0.657 | 2.973 | 0.000*** |
| 蛋鸡和其他畜牧业比较优势 | 1.787 | 0.752 | 2.376 | 0.025** |
| 城镇化水平 | −0.728 | 0.152 | −4.777 | 0.000*** |
| 非农就业机会 | −0.924 | 0.354 | −2.610 | 0.000*** |
| 运输成本 | 0.215 | 0.113 | 1.903 | 0.057** |
| 技术进步 | −0.322 | 0.194 | −1.660 | 0.098* |
| 常数项 | −49.681 | 121.936 | −0.407 | 0.521 |

注：*，**，*** 分别表示在 10%，5%，1%水平上具有统计显著性。

① 据《全国农产品统计资料汇编》的数据显示：1985—2007 年我国主要畜产品中，肉牛、肉羊、奶牛、肉鸡、生猪的成本纯收益率分别为 41%、32.6%、26.2%、10%和 8.3%，均高于蛋鸡的 5.1%成本收益率。

# 五、我国蛋鸡产业集聚现状

## （一）产业集聚的测度指标选择

**1. 产业集中度。** 产业集中度是指某行业或地区（产量、产值、就业人员）前几位的总量占该行业（地区）该指标的比例，可以反映出某行业（地区）的市场垄断和竞争的程度，一般用产业内排名前四位或前八位厂商或销售商的生产份额或市场占有率（CRn）表示。

$$CRn = \sum_{i=1}^{n} Xi / \sum_{i=1}^{N} Xi \tag{5}$$

其中 $\sum_{i=1}^{n} Xi$ 表示前 n 个厂商或地区的生产额或产量，$\sum_{i=1}^{N} Xi$ 表示整个产业 N 个厂商或地区的生产额或产量总额（花俊国，2007）。

**2. 空间集中度。** 为进一步反映中国蛋鸡产业的集中度，监测该产业在空间上的离散性。本报告增加采用空间集中度 Ci 这个指标来测定蛋鸡产业的地区分布集中程度。其测度模型为：

$$Ci = \sqrt{\frac{n\sum_{j} S_{ij}^{2} - (\sum_{j} S_{ij})^{2}}{n(n-1)}} \tag{6}$$

式中，$S_{ij}$ 表示区域 j 的产业 i 占全国该产业的份额，n 表示区域个数，Ci 实质上就是变量 $S_{ij}$ 分布的标准差。$S_{ij}$ 的值越高，说明产业的空间集中度越低；反之则反。空间集中度实际上从一个侧面反映产业在空间上的集聚水平。空间范围取决于研究所需要界定的地理区划或以地理为基础的行政区划（徐康宁等，2006）。本报告以省为单位，测算全国的蛋鸡产业在省一级范围空间上的离散程度。

## （二）我国蛋鸡产业集聚的现状

**1. 我国蛋鸡的产业集中度。**图 7 显示的是 1985—2008 年我国蛋鸡产业集中度情况。从图 7 中可以看出，我国蛋鸡产业集中现象非常明显，从 1985 年开始，排名前 4 位省份的禽蛋生产量之和占全国总生产量的比重都保持在 39%以上，并且随着时间的推移，禽蛋生产的产业集中度越来越高，但并没有完全呈现集中化的态势。1985—2008 年，我国蛋鸡产业集中度指标 CR4 和 CR8 平均以 1.16%和 0.35%的速度持续增长。但是，CR4 和 CR8 平均相差大约 20 个百分点，说明尽管我国已经形成了具有特色的蛋鸡生产主产区，蛋鸡生产越来越集中，但我国蛋鸡的产业化集中程度并不高。其中，2005—2006 年间我国蛋鸡产业集中度出现了起落，原因在于受禽流感的影响，我国家禽业整体产量下降，蛋鸡存栏下降 6%，禽蛋同比下降 3.9%，主产省河北、江苏、山东、河南都有不同程度的下降，从而造成了 2006 年我国蛋鸡产业集中的下降。在禽流感疫情得到全面控制以后，全国各地扶持家禽业政策落实比较到位，畜禽生产和产品出口逐步恢复，我国蛋鸡产业的集中程度逐渐回升，2008 年我国蛋鸡产业的 CR4 和 CR8 分别达到了 51.88%和 72.28%。

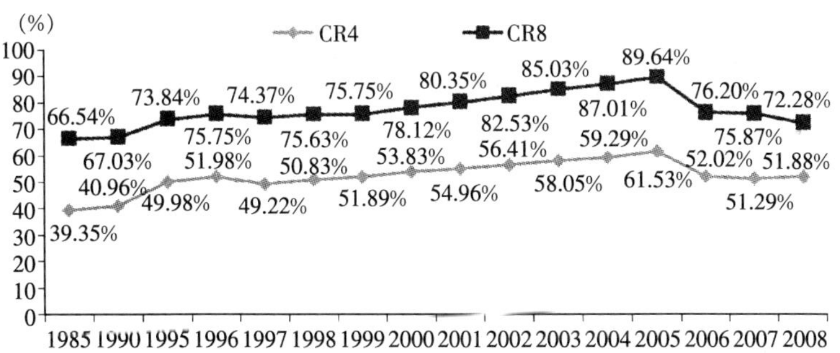


图 7　1985—2008 年我国蛋鸡产业集中度情况

数据来源：作者根据历年《中国畜牧业年鉴》计算而得。

**2. 我国蛋鸡的空间集中度。**表 6 显示的是我国蛋鸡的空间集中度。结果表明，在市场的演进过程中，我国的蛋鸡产业并没有像国外那样演化出区域性的集聚态势，相反，在空间上更加离散了，呈现出地区间的逐渐均匀状态。这种地区间的均衡分布意味着现阶段我国基本上每个省（自治区、直辖市）都建立了一定规模的蛋鸡生产基地。但由于养鸡所用的固定资产有很高的资产专用性并且蛋鸡固有的生物周期性特点决定了蛋鸡产业的退出壁垒很高（吕广宙，2005），因此，蛋鸡产业的相对均衡分布将会使得蛋鸡的生产要素难以进行自由的流动和配置、区域的蛋鸡产业无法实现规模效益，制约了区域蛋鸡产业技术创新和竞争力的提升。另外，均衡的蛋鸡产业分布也会造成各地区低水平的重复生产，造成了资源的浪费，违背了产业发展的效率原则，由此导致有的区域因产品的低价位竞争和同质化严重效益低下，蛋鸡产业的集聚经济和资源合理配置难以实现。

**表 6　我国蛋鸡的空间集中度**

| 年份 | 1985 | 1990 | 1995 | 1996 | 1997 | 1998 | 1999 | 2000 |
| --- | --- | --- | --- | --- | --- | --- | --- | --- |
| Ci | 0.032 7 | 0.035 0 | 0.042 7 | 0.043 9 | 0.042 3 | 0.043 5 | 0.044 2 | 0.045 7 |
| 年份 | 2001 | 2002 | 2003 | 2004 | 2005 | 2006 | 2007 | 2008 |
| Ci | 0.046 9 | 0.048 2 | 0.050 0 | 0.051 1 | 0.052 5 | 0.044 2 | 0.043 6 | 0.043 4 |

数据来源：作者根据历年《中国畜牧业年鉴》计算而得。

## 六、结论和建议

### （一）主要结论

本报告在总结我国蛋鸡产业布局变迁特征的基础上，利用面板数据对影响我国蛋鸡产业布局变迁的因素进行了分析，同时也对我国蛋鸡产业的集聚情况作了简要的测度和分析，得出以下简要结论：

第一，在蛋鸡主产地和主销地的分布上，我国鸡蛋生产地主要集中在山东、河北、河南、江苏、辽宁、安徽、湖北和四川八个省，主要消费地区集中在北京、天津、上海、福建和广东五省。

第二，在产业布局变迁方面，20世纪80年代以来，我国华北、东北地区鸡蛋产量比重不断上升，东南、华中地区鸡蛋产量比重则不断下降，我国南方地区逐渐退出蛋鸡生产的主导地位，蛋鸡的产业布局呈现出向华北玉米带（山东、河南、河北）集中的趋势。

第三，在影响产业布局变迁的因素上，畜牧业和种植业的比较优势、蛋鸡和其他畜产品的综合比较优势、非农就业机会、城镇化水平、运输成本以及技术进步等都是影响蛋鸡生产布局的因素，其中经济方面的因素对中国蛋鸡生产布局的影响尤为突出，蛋鸡生产布局的变迁是蛋鸡饲养户理性行为选择的结果，是资源优化配置的体现。

第四，在蛋鸡产业集聚方面，尽管目前我国已经形成了具有特色的蛋鸡生产主产区，蛋鸡生产越来越集中，但我国蛋鸡的产业化集中程度并不高。蛋鸡产业在市场化的演进过程中，在空间上的分布越来越离散，各地区呈现出逐渐均匀的状态。这对于我国蛋鸡产业生产要素的合理配置和规模经济的提高极为不利。

## （二）政策建议

**1. 把握蛋鸡生产布局变化规律，发挥各区域比较优势，进一步优化中国蛋鸡生产布局。**本报告的分析表明，中国蛋鸡的生产布局在近20年里发生了非常明显而有规律的布局变化。这需要引起高度重视，因为蛋鸡生产布局的变化，不但会影响国内鸡蛋的供给总量，而且对国内外鸡蛋价格稳定和中国蛋鸡产业发展产生深远的影响。因此，为避免我国蛋鸡产业各区域间的资源浪费和重复建设，提高我国蛋鸡产业的规模经济效益和产业集聚程度，政府应加大我国蛋鸡产业的资源整合力度，尽快调整现有不合理的蛋鸡生产布局。《全国畜牧业发展第十一个五年规划2006—2010》指出我国家禽的优势生产区域多分布在华北、东北等北部地区，一方面这些地区地处饲料粮产区，饲料价格低，有利于降低生产成本，另一方面这些地区也靠近北京、上海、天津等大城市，地处京广、京沪等交通干线，有利于将产品迅速、集中地销往大城市和南方各省份，同时这些地区气候条件也比较适合家禽生产，因此，未来在调整我国蛋鸡生产布局时，应从这些优势地区出发，在充分尊重蛋鸡饲养户自主决策的基础上，加快培养我国华北、东北地区的蛋鸡优势产区，进一步发挥上述区域的比较优势，优化蛋鸡产业布局，提高蛋鸡产业的规模经济和产业集聚，促进我国蛋鸡产业的持续发展。

**2. 国家在优化蛋鸡产业布局时，应综合考虑各地区的自然和经济因素。**正如本报告的分析结果所表明的，近年来，畜牧业和种植业的比较优势、蛋鸡和其他畜产品的综合比较优势、非农就业机会、城镇化水平等经济方面的因素对蛋鸡生产布局的影响尤为突出。因此，未来在优化我国蛋鸡产业布局，提高我国蛋鸡产业竞争力的过程中，不仅要考虑各省份的自然资源条件，更应该综合考虑包括综合比较优势、非农就业机会、城镇化水平、运输成本、技术进步在内的经济和技术因素。

**3. 加强蛋品深加工技术的研究，提高蛋鸡的生产效益。**作为全球第一位的禽蛋生产大国，我国禽蛋的生产成本大大低于其他国家，但是产量和成本优势却无法转换为效益优势，这与中国蛋品加工比例低、深加工的水平不足有关。现阶段，我国蛋品的加工制品率不足 2%，而世界发达国家鸡蛋加工制品率平均却达到 20%（于萍，2007）。蛋品加工水平的落后极大地阻碍了我国蛋鸡产业的发展。因此，政府应该大力加强蛋品深加工技术的研究，一方面通过引进国外的先进蛋品加工技术；另一方面，也可以自我研发蛋品加工技术，研制高附加值的蛋品，探索中国特色的蛋品深加工道路，提高蛋鸡养殖的效益。

## 主要参考文献

马美湖．我国蛋与蛋制品加工重大关键技术筛选研究报告（一）[J]．中国家禽，2004（23）：1－5

刘少伯．加入 WTO 对畜牧业的影响［J］．中国动物保健，2000（12）：30－32

杨春．中国主要粮食作物生产布局变迁及区位优化研究．浙江大学博士学位论文，2009 年

徐志刚．比较优势与中国农业生产结构调整．南京农业大学博士学位论文，2001 年

Jeffrey，M. Woodridge. Econometric analysis if cross section and panel data. Cambridge Massachusetts：The MIT Press，1999

花俊国，朱香荣，殷成文．中国乳业集中状况和空间布局分析［J］．中国农村经济，2007（2）：49－54

徐康宁，韩剑．中国钢铁产业的集中度、布局与结构优化研究——兼评 2005 年钢铁产业发展政策［J］．中国工业经济，2006（2）：37－44

吕广宙，胡继连．我国蛋鸡产业平台期现状分析及发展策略［J］．中国农村经济，2005（12）：61－67

于萍．中国蛋业产业化发展趋势研究［J］．农业经济问题，2007（9）：66－73

# 中国鸡蛋加工业发展：现状、问题、动力与政策建议*

马骥[1,2]　秦富[2]　朱宁[1]

（1. 中国农业大学经济管理学院，北京海淀 100193；2. 中国农业科学院农业经济与发展研究所，北京海淀 100081）

得益于改革开放初期国家对蛋鸡养殖业的政策扶持和蛋鸡养殖技术的进步，自 20 世纪 80 年代中期开始，我国鸡蛋产量已经连续保持了 20 余年世界第一鸡蛋生产大国的地位。我国蛋鸡产业的快速发展为繁荣农村经济、增加农民收入和满足居民食物营养需求做出了积极的贡献。但目前我国蛋鸡产业已处于供过于求状态，供需矛盾导致了鸡蛋市场价格频繁波动，蛋鸡养殖户的市场风险不断增加，产业链条比较脆弱等问题。

如何解决供需矛盾，成为当前我国蛋鸡产业实现持续、健康发展的关键。在我国蛋鸡产业逐步进行生产结构优化、养殖规模调整和生产布局规划的同时，应采取切实措施，振兴我国鸡蛋加工业，提高鸡蛋加工业的国际竞争能力，促进我国蛋鸡产业的持续发展。

本报告拟在系统总结我国鸡蛋加工业发展现状和存在问题的基础上，探讨加快推动我国鸡蛋加工业发展的动力及政策措施。

---

* 本报告已投稿到《技术经济》，通讯作者为秦富教授。

## 一、中国鸡蛋加工业发展现状

鸡蛋是人类天然、廉价的重要蛋白来源之一。我国居民自古就有养鸡吃蛋、补充营养的传统，在数千年的鸡蛋利用过程中逐步形成了传统蛋品加工业。新中国成立 60 年来，虽然我国鸡蛋产品研发和加工技术不断取得进步，但从产业总量、产品结构和企业规模角度考察发现，目前我国鸡蛋加工业仍然处于传统蛋品加工的初级阶段。

### （一）产业总量

根据相关文献统计，我国的鸡蛋消费结构比较单一。近年来，国内鲜蛋消费量占我国鸡蛋总产量 90%以上，仅有 9.74%的产量作为鲜蛋出口或损失掉，而鸡蛋分级和加工利用率分别为 0.26%和 0.13%。这与世界发达国家蛋鸡加工业相比有很大的差距（见表 1），也与世界鸡蛋产量大国的地位极不匹配（2008 年我国加工原生蛋为 5.82 万吨，仅占全球鸡蛋加工品市场份额的 7.76%，而欧洲国家和美国鸡蛋加工品之和占到全球的 70%左右）。

**表 1　主要国家和地区禽蛋加工利用率**

| 国家和地区 | 中国 | 美国 | 欧洲 | 日本 | 中国台湾 |
|---|---|---|---|---|---|
| 蛋品分级率 | 0.26 | 98 | 98 | 60 | 20 |
| 禽蛋深加工率（%） | 0.13 | 32 | 25 | 50 | 14 |

我国鸡蛋加工转化度较低的现状，说明我国通过深加工来提高鸡蛋附加值的能力较弱，也表明鸡蛋加工业对我国蛋鸡产业发展的贡献度较低。这一点可通过表 2 印证，1998—2004 年期间，我国鸡蛋加工业产值虽然每年略有增加，但年均产值基本维持在 20 亿元的水平，占到食品加工业产值的 0.1%左右，仅占我国整个蛋鸡产业产值的 1.3%左右。

**表 2　我国 1998—2008 年鸡蛋加工业总产值及占食品加工业的比重情况**

| 项　　目 | 1998 | 1999 | 2000 | 2001 | 2002 | 2003 | 2004[c] |
|---|---|---|---|---|---|---|---|
| 禽蛋加工业总产值（亿元）[a] | 9.46 | 12.23 | 12.99 | 20.66 | 30.14 | 17.80 | 22.96 |
| 禽蛋加工业占食品加工业的比重（%）[a] | 0.12 | 0.16 | 0.16 | 0.22 | 0.28 | 0.14 | 0.14 |
| 鸡蛋加工业总产值（亿元）[b] | 8.04 | 10.40 | 11.04 | 17.56 | 25.64 | 15.13 | 19.52 |
| 鸡蛋加工业占食品加工业的比重（%）[b] | 0.10 | 0.14 | 0.14 | 0.19 | 0.24 | 0.12 | 0.12 |

备注：a 1998—2004 年蛋品加工业产值数据摘自历年《中国食品工业年鉴》；

b 历年鸡蛋加工业总产值及其占食品加工业的比重由作者根据我国鸡蛋占禽蛋的比重为 85%而估算得到。此估算方法虽会高估我国鸡蛋加工业的总产值，但估算结果并不会影响到本报告结论；

c 由于我国蛋品工业占到食品加工业和农产品加工业的比重极低，自 2004 年开始，《中国食品工业年鉴》未将蛋品工业产值等信息纳入到该统计口径中，故本表仅用 1998—2004 年的数据。

## （二）产品结构

根据鸡蛋的加工方法以及产品用途，鸡蛋产品主要分为鲜蛋和加工品，其中加工品又可划分为再制蛋（即传统加工品，如卤蛋、腌蛋等）、深加工品（各类干蛋、湿蛋和冰蛋等）以及副产品综合利用产品（如残留蛋清、蛋壳内膜和蛋壳）等三大类。

目前，我国鸡蛋加工品的结构呈现如下特点：

（1）*以再制蛋为主，深加工品较少。*受文化传统和居民饮食习惯等因素的影响，我国鸡蛋加工品主要以再制蛋为主，占到鸡蛋加工品的 80%以上。同时受国内市场需求以及鸡蛋深加工产品研发和技术应用等问题的影响，我国的鸡蛋深加工品数量少，仅有少数厂家生产蛋白粉、全蛋粉等产品。

（2）*鸡蛋副产品综合利用尚未引起足够重视。*目前我国在蛋壳等鸡蛋副产品综合利用方面尚未引起足够重视，每年生产出的

400余万吨鸡蛋蛋壳仅有一部分应用于畜禽的饲料，作为钙的补充剂，其余蛋壳主要由大量消费鸡蛋的食品加工厂、糕点厂、孵化场、酒店、宾馆、饮食店、招待所、机关、企业食堂等单位成批地抛入垃圾堆，这不仅对环境造成污染，也造成了资源的极大浪费。

从上述加工产品结构来看，我国鸡蛋加工品主要以传统再制蛋加工为主，与发达国家高度机械化、规模化加工相比，精深加工水平低，产业处于比较落后的发展阶段。虽然近20年来，我国各蛋品加工厂从日本、丹麦、美国等引进了一批具有20世纪80年代国际水平的蛋制品加工设备，但不可否认的是，目前我国鸡蛋加工业仍处于向现代化大工业体系转变的起步阶段。

## （三）企业规模

我国鸡蛋再制品（如咸蛋、糟蛋加工）已经具有数百年的历史，但专业的鸡蛋制品企业在新中国成立后才出现，最早的蛋品加工厂—年产1万吨冰蛋的天津蛋厂于1950年成立；随后一批专营蛋制品加工厂相继建立起来，并采用先进技术生产出了优质的冰蛋、蛋粉、蛋黄酱等产品。

经过60年的发展，目前我国蛋品加工企业数量比新中国成立初期有了较大幅度的增长，但总体情况依然不容乐观。根据《2006中国农产品加工业发展报告》提供的统计资料分析，目前我国鸡蛋加工企业总体上呈现数量少、规模小、赢利能力弱、区域不平衡以及集中度低等五大不足。

（1）企业数量少。2004—2005年，我国蛋品加工企业仅有759家，蛋品行业的总体企业数量较少。而我国鸡蛋加工企业目前估计还不足500家，且大部分企业都在初级加工后就上市销售，有的企业甚至鸡蛋不加工就销售。鸡蛋深加工企业目前在我国大约仅有10家，主要以加工液蛋和蛋粉为主。

（2）企业规模小。2004—2005年在我国759家蛋品加工企业中，大型企业为5家（仅占全行业企业数量0.66%），中型企业为55家（占全行业企业数量7.25%），其余小型企业为699家，占全行业企业数量92.09%。

（3）赢利能力弱。2004—2005年我国759家蛋品加工行业的资产总数为260.38亿元，负债总数为192.25亿元，资产报酬率为1.78%；全行业的销售收入为201.68亿元，销售毛利率为1.78%，销售利润率为1.27%；蛋品行业利税总额为10.60亿元，企业总利润仅为2.57亿元，成本费用利用率仅为1.32%；蛋品加工行业的总从业人员为33.51万人，人均利润额仅为770元。另外，蛋品赢利企业的比重为82.35%（见表3）。蛋品加工行业中有134家企业处于亏损状态。

**表3 2004—2005年我国各经济类型蛋品行业的销售收入情况比较**

| 经济类型 | 2004年 | | 2005年 | | 变化百分比（%） |
|---|---|---|---|---|---|
| | 销售收入（亿元） | 占全国销售收入的百分比（%） | 销售收入（亿元） | 占全国销售收入的百分比（%） | |
| 三资企业 | 64.59 | 32.02 | 51.29 | 29.43 | 8.81 |
| 股份制企业 | 58.48 | 29.00 | 45.17 | 25.92 | 11.88 |
| 私营企业 | 46.84 | 23.23 | 31.35 | 17.99 | 29.13 |
| 集体企业 | 16.55 | 9.20 | 24.21 | 13.89 | −33.78 |
| 国有企业 | 13.09 | 6.49 | 22.11 | 12.69 | −48.84 |
| 其他企业 | 0.13 | 0.07 | 0.15 | 0.09 | −25.63 |

（4）区域分布不平衡。2004—2005年我国759家蛋品加工企业的地理分布情况与我国各地区禽蛋产量的情况并不完全一致（见表4），大部分蛋品加工企业处于华东、华南和华中地区（三

个地区合计企业数量为678家，占全国蛋品加工企业总数89%)，我国华北、东北与西南地区的蛋品加工企业数量相对较少，甚至一些省区（如青海省和新疆维吾尔自治区）到目前为止还没有禽蛋加工企业，区域分布极不均衡。

**表4　我国各地区禽蛋产量及蛋品加工企业情况比较**

| 地　区 | 禽蛋产量（万吨） | 蛋品加工企业个数（个） | 蛋品销售收入（亿元） | 工业总产值（亿元） |
|---|---|---|---|---|
| 华北地区 | 521.69 | 53 | 15.53 | 19.74 |
| 东北地区 | 381.8 | 3 | 0.07 | 0.06 |
| 华东地区 | 754.04 | 242 | 69.42 | 75.91 |
| 华中地区 | 532.63 | 147 | 31.39 | 34.48 |
| 华南地区 | 48.79 | 289 | 82.02 | 83.78 |
| 西南地区 | 205.87 | 16 | 3.16 | 3.32 |
| 西北地区 | 83.87 | 8 | 0.09 | 0.12 |

资料来源：作者根据2006年中国农产品加工业发展报告中的相关数据整理。

（5）集中度低。产业集中度（Central Ratio，CR）是指市场上的少数企业的生产量、销售量、资产总额等方面对某一行业的支配程度，一般是用占据行业中前k位的企业销售收入之和占该行业销售总收入的百分比来表示。表5是本文根据相关数据计算的我国蛋品行业的集中度情况，可看出，我国蛋品加工业的集中度较低，2004年$CR_1$为2.64%，2005年虽然有所增加，但$CR_1$也仅为3.61%；2004—2005年我国蛋品加工业的$CR_4$分别为8.60%和11.97%，$CR_8$分别为20.83%和18.21%，$CR_{10}$分别为22.60%和20.24%。据此估计我国鸡蛋加工企业的集中度相比更低，表明我国鸡蛋加工企业比较分散，各企业支配市场的能力较弱，也未达到规模经济的要求，鸡蛋加工业的重组、并购可能是未来的发展趋势。

**表5　2004—2005年我国蛋品行业产品销售份额集中度**

| 集中度 ($CR_k$) | 2004年 | | 2005年 | |
|---|---|---|---|---|
| | 销售收入（亿元） | 占全国销售收入的百分比（%） | 销售收入（亿元） | 占全国销售收入的百分比（%） |
| $CR_1$ | 5.31 | 2.64 | 6.30 | 3.61 |
| $CR_4$ | 18.61 | 8.60 | 20.87 | 11.97 |
| $CR_8$ | 30.33 | 20.83 | 31.74 | 18.21 |
| $CR_{10}$ | 34.15 | 22.60 | 35.28 | 20.24 |

资料来源：作者根据2006年中国农产品加工业发展报告中的相关数据整理。

## 二、我国鸡蛋加工业发展存在的主要问题

面对我国鸡蛋加工业落后的现状，近年来相关学者和研究机构对我国鸡蛋加工业存在的问题进行了多角度、多层面的分析和讨论。但从产业经济理论来看，推动某一产业发展的核心驱动力不外乎来自于需求、供给以及链接供给与需求的产业链三个方面。

### （一）需求层面：严重缺乏强劲的市场需求驱动力

我国鸡蛋加工业还处于尚待开发的初级阶段的根本原因在于，我国鸡蛋加工品的市场潜在需求容量过小。受制于进口国严格的"门槛"限制壁垒，鸡蛋加工品的出口缺乏吸引力，因此，市场需求驱动力严重不足，成为影响我国鸡蛋加工业发展的瓶颈。

（1）国内市场潜在需求较小。从影响居民食物消费选择的因素来说，当前居民收入水平、购买力、产品价格并不是影响居民对于蛋品类型选择的关键因素，真正制约居民消费鸡蛋加工品的因素是来自于消费习惯和居民对食品质量是否安全的担心。一方

面，我国居民在长期的饮食消费中，形成了以鲜蛋消费为主的消费模式，这种模式在短期内难以迅速改变。即使居民有消费鸡蛋加工品的趋向，也主要是以传统的卤蛋和腌蛋为主。受消费习惯的影响，我国少部分居民对于发达国家近年来研发出的新蛋品尚持怀疑的态度，大部分居民甚至对这些鸡蛋加工品没有任何了解。另一方面，随着居民收入水平的提高，对食品质量安全的关注度越来越高，往往由于居民对通过加工而改变鸡蛋性状和功能的产品持一定的怀疑态度，因此如何通过知识普及等方法提高我国居民消费鸡蛋加工品的信心十分关键。

（2）鸡蛋加工品走进国际市场举步维艰。主要原因在于我国鸡蛋加工品产量少，再加上制成品又主要以传统卤蛋、腌制蛋为主，与世界主要鸡蛋加工品进口国的消费习惯不一致，国际市场需求量有限。

## （二）供给层面：产业创新能力严重不足

从供给层面来看，我国鸡蛋加工业与世界第一鸡蛋生产大国地位不相匹配的主要原因在于，整个产业创新能力严重不足。在我国居民消费习惯难以在短时转变，以及蛋品出口贸易量小的市场背景下，我国蛋品行业总是处在重视鸡蛋产量、忽视鸡蛋质量；重视鲜蛋消费、忽视蛋品加工的状态中，企业严重缺乏在激烈市场竞争中开辟新市场的创新意识和创新策略。具体表现在以下几个方面：

**1. 观念创新。**在我国鸡蛋产业的快速发展中，大部分企业聚焦于鲜蛋市场，在同一市场中实施“红海”战略和战术，利用渠道优势，展开价格竞争，获得更高的产品市场占有率。激烈的市场竞争态势并没有促使我国的蛋鸡生产者、流通主体在新形势下进行观念创新，没有以“蓝海”战略开辟新市场的措施，总是将产业发展和企业竞争定位于国内市场，缺乏参与国际市场竞争的意识。根本原因在于我国蛋鸡产业的市场风险较大，蛋品企业力量较弱，缺乏抗风险的能力。从产业发展角度来看，任何产业在不同发展阶段都会存在不同程度的风险，当前我国蛋品企业应根据产业增长潜力和产业内部竞争的强弱状况，依据产业发展的风险和不确定性，进行适当的观念创新。从行业的保障措施来说，主要是提供能够削弱市场风险的措施，为我国鸡蛋加工业发展提供有利的外部环境。

**2. 市场创新。**进行产品市场的细分和实施差别化营销战略，是任何一个产业、企业面对外部环境变化的基本战略选择。目前，我国绵阳综合试验站（依托于四川圣迪乐村生态食品有限公司）、延庆试验站（依托于北京德青源农业科技股份有限公司）和大连综合试验站（依托于大连韩伟企业集团有限公司），逐步采用市场细分战略并取得一定成功，可为其他企业的市场创新提供借鉴。从我国的蛋鸡产业整体发展的现状来看，我国大部分蛋品企业目前很少有市场细分的战略措施，缺乏根据消费者行为特征而划分蛋品细分市场并采取相应的产品差异化策略。导致这一问题的原因在于我国缺乏鸡蛋产品的生产标准和加工技术标准，再加上食品安全质量监测体系尚不完善，给企业市场细分战略带来较高的运作成本。

**3. 技术创新。**技术进步会使企业以更低的成本提供新的产品或更好的产品，从而极大程度的改变产业发展的面貌，拓展产业发展的领域。但我国目前蛋品加工业尚缺乏技术创新，蛋品加工业的 R&D 投入严重不足，不能根据市场的需求为导向开发适宜的蛋品。企业不能以更为先进的资本设备、更为有效的工厂规模和更大的一体化效益来推进技术的创新，产业在原有的加工基础上难以顺利实现产业升级，难以顺利实现技术的变迁。

**4. 模式创新。**当前，我国的蛋品加工企业数少、产品加工能力小，在我国蛋鸡产业发展的关键阶段，行业缺乏运作模式的创新，企业也缺乏市场运作的经验。从产业发展的战略角度来看，在我国蛋品加工业尚处于起步阶段的背景下，是依托于现有企业不断摸索市场运作的经验，还是积极引进国外先进企业进行运作示范？在我国蛋鸡产业发展已经处于供过于求的背景下，鸡蛋加工业是继续走传统工业发展模式的路线，还是选择与国际接轨，走现代大型一体化工业的路线？两个模式问题，亟待在实践中回答。

## （三）产业链层面：产业内各环节间结合过度松散，产业间无法互促

图1是根据作者2009年对我国相关蛋鸡养殖户、鸡蛋收购者、鸡蛋加工企业和鸡蛋市场的调研结果，刻画的我国鸡蛋产业链的现状。

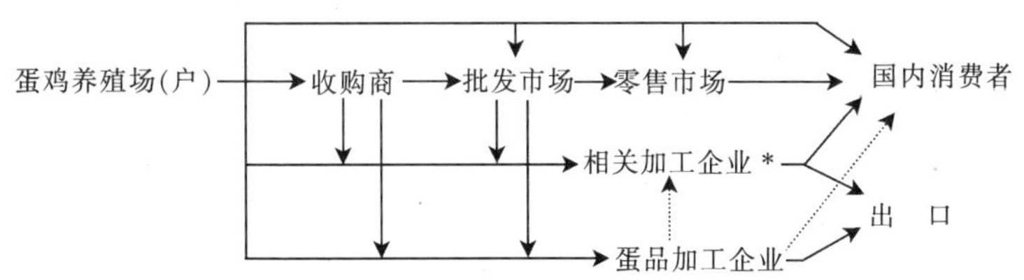


图1　我国鸡蛋产业链现状

注：相关加工企业是指以鸡蛋为配料、加工其他食品（如蛋糕等）和药品的企业。

通过对图1的分析可发现，鲜蛋产业链是我国鸡蛋产业链条的主体，目前已形成了从蛋鸡养殖户到收购商、批发商、零售市场和国内消费者的比较完整的链条，但整个鸡蛋产业链条还存在以下问题。

**1. 产业链内部环节间严重脱节，结合过度松散。**目前，我国大部分蛋品加工企业所用的鸡蛋来自于蛋鸡养殖户、鸡蛋收购商，甚至来自于鸡蛋批发市场，只有小部分企业的鸡蛋来自于蛋鸡养殖基地，或以“公司＋养殖基地＋养殖户”，或以“公司＋

专业合作社+养殖户”的模式实现与养殖场的结合。由此可见，我国鸡蛋加工业的产业链条中各环节基本独立，各环节结合过度分散，不能形成互为支撑的产业流程链，产业一体化发展的程度比较低。

**2. 产业与产业之间不能互相促进。**当前，我国蛋糕、药品等相关加工企业也是鸡蛋产品的消费群体。图 1 表明，我国的相关加工企业所用鸡蛋也主要来自于蛋鸡养殖户、鸡蛋收购商和鸡蛋批发市场，专业蛋品加工企业几乎没有为这些相关加工企业提供其所需要的鸡蛋加工品，表明我国专业蛋品加工业与相关加工企业的结合度非常松散，没有实现鸡蛋加工品的专业化。由此可见，我国的鸡蛋加工业与其他相关产业之间仍然存在着边界清晰、联系松散的现象，各相关产业的发展较为孤立，没有形成产业互相促进的动力。出现如此状况的主要原因，在于我国的相关鸡蛋加工业在其所用的原料方面，没有严格的原料标准约束。促进产业与产业之间融合、提高其相关结合度的措施，主要来自于标准的制定和推行。

## 三、促进我国鸡蛋加工业发展的动力

今后促进我国鸡蛋加工业发展，主要是针对前述问题进行必要的改革，积极依靠相关拉动力和推动力战略，逐步实现我国鸡蛋加工业顺利由传统工业阶段向现代化、一体化和专业化阶段过渡，提升我国的鸡蛋加工业发展水平。

### （一）拉动力：积极利用国外市场，主动扩大国内市场需求

随着居民收入的提高和对鸡蛋消费观念的逐步转变，开拓我国国内鸡蛋加工品消费市场的条件逐步成熟。虽然我国鸡蛋加工品出口规模较小，国际竞争力能力较弱，但国外主要鸡蛋加工品的市场需求却在逐步扩大，为我国鸡蛋加工品出口提供了机会。

因此，可以预见未来我国鸡蛋加工品的市场需求潜力巨大。

在此背景下，相关加工企业采取相应的市场细分战略措施（STP），进行营销模式的创新和应用，积极利用国外市场，主动扩大国内市场，在扩大鸡蛋加工品市场需求的基础上，逐步巩固刺激消费的效果。

**1. 进入国际市场的战略。**

首先，应研究国际市场鸡蛋加工品的需求特点，生产适销对路的产品。我国鸡蛋加工品出口量较小的主要原因是加工产品类型单一，不能较好地满足主要进口国的产品需求特点。解决国内生产和国际需求不一致的关键，在于扩展我国鸡蛋加工品的类型，使提供的鸡蛋加工品能够充分符合进口国居民的消费偏好；同时应进一步提高产品质量，以符合进口国的产品质量要求。

其次，应重点选择进入国际市场的模式。从进入战略角度看，企业产品选择什么样的进入模式是关键。通过上述分析，本文认为当前影响我国鸡蛋加工品顺利进入国际市场的原因在于进口国所设立的贸易和非贸易壁垒障碍。因此，在当前我国鸡蛋加工品在国际市场上竞争能力较弱的现实下，一方面应严格按照进口国的标准进行生产，以达到进口国的产品要求；另一方面，可以采取“契约式”进入模式，如采用与国际大型鸡蛋加工企业的合作，按照大型国际加工企业的技术要求、质量标准生产该企业所需的产品；或与目标市场的相关企业签订供应合同，向进口国企业提供符合标准的鸡蛋加工品，从而建立国内企业与国外企业的合作关系。“契约式”进入模式既可以较快进入国际市场，降低进入国际市场的风险，降低国内企业产品研发成本，又可以在与国外企业的合作中，不断总结经验，巩固市场，为后期进入国际市场积累经验。

**2. 扩大国内市场的战略。**

首先，应采用STP战略工具，加强对我国居民鸡蛋及加工品的消费行为特征研究，进行我国各区域、各类别居民的鸡蛋加工品市场细分，选择适合于企业进入的细分市场，从而开发适销对路的鸡蛋加工品。

其次，充分采用渠道策略、价格策略、广告策略等，加强对国内消费者的宣传，有效的刺激消费者的购买欲望，积极引导国内消费者逐步形成鸡蛋加工品的消费偏好，从而加快对居民消费行为的转变。

### （二）推动力：完善标准，加大研发，优化产业链结构

作为产业发展推动力，还需要与之配套的相关推动力。

**1. 加快标准制定。**通过对产业链条的分析，我国相关加工业与蛋品加工业之间的联系松散，最主要的原因是缺乏标准造成的。因此，推动我国鸡蛋加工产业快速发展的主要动力在于加快对我国鸡蛋生产、加工和流通标准的制定、修订和完善。如我国的鸡蛋标准主要是生产方面的标准，如对激素、兽药等指标进行了规定，但尚未形成鸡蛋的品质标准和分级标准；再如我国蛋制品标准的制定过于笼统，没有按产品的加工方法、工艺流程和食用方法进行严格分类制定。

**2. 加快产业链优化。**加快对产业链流程的改造，使蛋鸡养殖场（户）与各相关利益者之间的联结方式更为紧密和稳定，保证鸡蛋加工品原料的质量，甚至可以借鉴发达国家有关发展模式，采用成本内部化的一体化方法，有效进行企业运作、市场创新，减少市场交易成本，促进我国鸡蛋加工向规模经济方向发展。同时，各行业之间应该通力合作，协调发展，特别是在制定相关加工企业用蛋标准的基础上，加强相关加工企业与蛋品加工企业之间的有效融合。

**3. 加大技术攻关力度。**目前，我国的鸡蛋制品技术主要集中在传统蛋制品方面，而鸡蛋深加工的关键技术、生产工艺、加工设备还很落后，鸡蛋加工业的总体科技水平有待大幅度的提高。因此，今后应加大鸡蛋加工的 R&D 投入，依托国家蛋鸡产

业技术体系等产学研联盟模式，切实解决诸如清洗、分级、消毒、包装等洁蛋生产、鸡蛋深加工利用和综合利用方面的系列关键技术，进一步提高我国鸡蛋深加工的程度。

## 四、促进我国鸡蛋加工业发展的政策建议

经验表明，农产品加工业在现代农业产体系中具有“农业生产丰歉平衡器、农产品加工转化器和农业效益放大器”的突出作用，因此推动鸡蛋加工业的发展，提高鸡蛋转换率和有效成分利用率，是解决鸡蛋加工转换不足、鲜蛋产品供过于求、鸡蛋市场价格波动较大等问题的关键，也是我国蛋鸡产业和农产品加工业发展的必然要求。

政策调控对于产业发展十分重要，在我国蛋鸡产业发展模式转型的重要阶段，应主要以推动我国现代鸡蛋加工业起步为目标，加大政策的扶持力度，促进我国鸡蛋加工业的快速发展。

**1. 提高消费者对鸡蛋和鸡蛋制品的认识。**针对我国居民有关鸡蛋消费的模式和偏好问题，应以市场主导和政府引导的方式，向居民家庭普及包括鸡蛋在内的消费知识，逐步提高消费者对现代鸡蛋加工品的认知度和接受度，促使消费者理性地看待、购买和消费鸡蛋加工品，进而扩大消费者对鸡蛋加工品的需求，为扩大我国鸡蛋加工品的需求规模创造环境。应由政府部门主导、生产企业辅助出台相关公益培训项目，采取公益性电视广告、专家讲堂或其他方式，针对不同性别、受教育程度和家庭结构的消费者，开展有关鸡蛋生产、加工和加工品的公益培训或知识普及等活动，进一步提高消费者对鸡蛋加工品的整体认识水平。

**2. 以投资、补贴、信贷等政策工具，引导和加快推动我国鸡蛋加工企业的发展。**一是应注重加大对龙头加工企业的扶持，在科技投入、设备投资等方面给予扶持政策，加快我国鸡蛋龙头

企业的改造、升级进程，加大技术研发力度；二是应出台相应的外国企业引进、国内企业培植和小型企业重组的优惠措施，加快引进一批科技含量高、投资规模大、出口能力强的鸡蛋加工企业，培植做大、做强一批传统鸡蛋加工企业，整合资源组建一批新型鸡蛋加工企业。

**3. 完善我国的鸡蛋加工产品的检测标准。**与国际标准和国外先进标准接轨，进一步充实、完善我国鸡蛋及鸡蛋制品加工标准体系，提高鸡蛋标准的技术水平，加强鸡蛋质量安全管理等。鸡蛋及其蛋制品加工标准体系的建立，有利于提高质量与卫生安全，有利于完善全程质量控制技术，保障市场经济条件下鸡蛋加工业的健康发展，提高我国鸡蛋加工业的国际竞争力。

## 主要参考文献

杨宁，秦富，马骥等．中国禽蛋产业可持续发展战略研究报告．2009 年 8 月

中国畜产品加工研究会．中国蛋品加工业发展状况报告．食品科技，2006，(11)：1-3

言思进．从蛋品加工看我国蛋业的持续发展．中国家禽，2005，27 (9)：37-45

迟玉杰，于滨．浅析我国蛋品工业的现状与特点．中国家禽，2008，30 (2)：6-8

宁欣．蛋品工业的崛起为蛋鸡业发展提供广阔空间．中国家禽，2005，27 (16)：45-47

徐仕忠．禽蛋及禽蛋加工业的未来发展战略．中国家禽，2005，27 (5)：56-57

范梅华，张建丹．蛋品加工业的未来发展战略——2008 年蛋品行业及其用蛋企业食品安全高层论坛在苏州成功召开．中国禽业导刊，2008，25 (22)：8-17

冯四清．鸡蛋产品在亚洲有巨大的发展潜力．中国禽业导刊，2005，2 (6)：21

姜正军，霍兰芝．我国蛋品加工业的现状与对策．食品科技，2004，(11)：4-6

于萍．我国蛋业产业化发展趋势研究．农业经济问题，2007，(9)：66-73

农业部农产品加工局．2006 中国农产品加工业发展报告．北京：中国农业科学技术出版社，2007 年第 1 版

袁正东．我国蛋品行业现状与发展方向．中国禽业导刊，2009，26 (10)：13-14

马美湖．蛋品加工技术与质量安全控制战略研究．中国家禽，2009，31 (12)：1-6

宾冬梅，马美湖，易诚．禽蛋蛋壳资源开发利用现状与前景分析．中国家禽，2006，28 (24)：10-13

张亚明，张文长．21 世纪中国产业发展动力研究．中国科技论坛，2008，(12)：44-47

马美湖．我国蛋与蛋制品加工重大关键技术筛选研究报告 (1)．2004，26 (23)：1-5

马美湖．我国蛋与蛋制品加工重大关键技术筛选研究报告 (2)．2004，26 (24)：1-12

谢永刚．我国蛋品行业的发展策略．饲料博览，2009，(2)：9-14

中华人民共和国科学技术部．中国农产品发展战略．北京：科技出版社，2005 年 9 月第 1 版

# 中国蛋鸡产业国际竞争力分析*

刘合光[1]　刘悦[2]　杨浩然[2]　秦富[1]

(1. 中国农业科学院农业经济与发展研究所，北京 100081；2. 中国人民大学农业与农村发展学院，北京 100872)

鸡蛋是人类食物的重要构成部分，是重要的动物蛋白质来源。随着人们生活水平的不断提高，世界蛋产品消费量也逐渐增长，十年来世界禽蛋消费量增加了约 30%。我国是世界上最大的蛋鸡养殖大国，鸡蛋年产量约为 2200 万吨，占全世界产量的 40%以上。目前我国蛋鸡产业与国外相比在很多方面还存在很大的差距。

国内对产业国际竞争力的研究由来已久，众多学者对许多产业的国际竞争力都进行过广泛而深入的分析（金碚，1997；邹薇，1999；帅传敏、程国强，2003；陈卫平，2005；赵美玲、王述英，2005)。但是从现有文献来看，对蛋鸡产业国际竞争力的全面系统研究并不多见。本报告在分析世界蛋鸡主产国的生产现状和我国鸡蛋国际贸易的情况的基础上，应用市场占有率(MPR)、显示性比较优势（RCA)，贸易竞争力指数（TC）和产品质量升级指数（QC）等指标对我国蛋鸡产业竞争力进行全

* 本报告得到“国家蛋鸡产业技术体系建设专项经费”资助，已经发表于《中国家禽》2009 年第 11 期。

面的评价，并进一步分析影响我国蛋鸡产业国际竞争力的因素；最后简要归纳了分析结论。

## 一、世界蛋鸡生产与贸易现状

鸡蛋是人们日常饮食中极为普遍的一种食材，蛋鸡饲养极为广泛，世界的五大洲均有蛋鸡养殖。世界蛋鸡养殖和鸡蛋生产主要分布在亚洲、欧洲和北美洲三地，这些地区的鸡蛋产量占世界总产量的 94%左右，其中亚洲的鸡蛋产量最大，约占 70%（图 1)。据联合国粮农组织统计，2007 年全球蛋鸡存栏数为587 816.5万只，比 2006 年增加了 7 257.5 万只，鸡蛋的产量为 6 257.18 万吨，比 2006 年增加 48.29 万吨。总体上蛋鸡养殖数量和鸡蛋产量都有所增加。

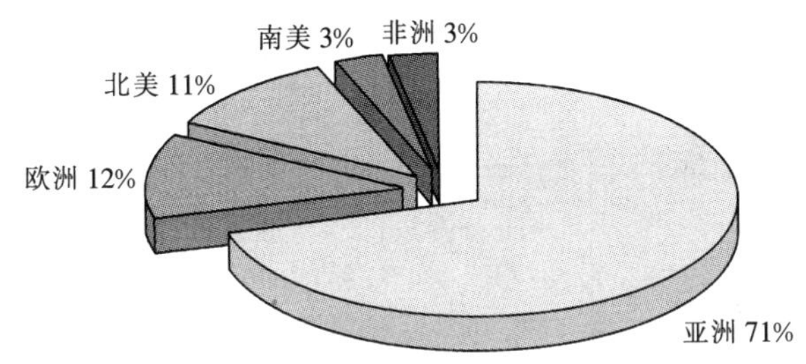


图 1　全球鸡蛋生产分布

数据来源：联合国粮农组织（FAO）数据库，http：//www.fao.org

世界前十个蛋鸡主产国的蛋鸡养殖数量约占全世界的 63%，鸡蛋总产量占到了世界总产量的约 71.4%（表 1)，蛋鸡产业的国家分布程度比较集中。这些国家鸡蛋产量的全球份额高于蛋鸡养殖数量的全球份额，这表明：主要国家蛋鸡的产蛋率高于世界平均水平。其中，要数日本的产蛋率最高，平均每只蛋鸡年产蛋量达 18.2 千克，远远高于世界平均水平 10.64 千克。

2006 年全球鸡蛋产品进出口总额为 416 631 万美元，进口金额为 211 611.7 万美元，出口金额为 205 019.3 万美元（表 2）。其中出口金额最高的是美国，为 22 426.2 万美元，占世界出口总额的 10.94%。就产品数量来说，出口带壳蛋最多的国家是德国，出口总数为 92 370 吨，占世界出口总量的 7.56%；出口液态蛋最多的是美国，出口数量为 9 917 吨，占世界出口总数的 19.27%；而蛋粉出口第一位的国家是法国，出口数量为 31 271吨，占世界出口总数的 14.69%。鸡蛋产品的出口不像其生产那样集中，以上十个国家出口总额只占世界出口总额的 38%左右。

**表 1　2007 年世界蛋鸡主产国蛋鸡存栏量与鸡蛋产量**

| 国　家 | 蛋鸡（万只） | 鸡蛋（吨） |
|---|---|---|
| 中　国 | 228 320.7 | 25 846 300 |
| 美　国 | 34 820.1 | 5 308 000 |
| 印　度 | 22 725 | 2 670 000 |
| 日　本 | 13 850 | 2 525 000 |
| 墨西哥 | 17 300 | 2 300 000 |
| 俄罗斯 | 15 207 | 2 093 100 |
| 巴　西 | 23 800 | 1 690 000 |
| 德　国 | 5 100 | 800 000 |
| 法　国 | 4 554 | 765 000 |
| 意大利 | 4 700 | 670 000 |
| 世　界 | 587 816.5 | 62 571 804 |

数据来源：联合国粮农组织（FAO）数据库，http：//www.fao.org.

**表 2　2006 年世界蛋鸡主产国鸡蛋出口情况**

| 国　家 | 带壳蛋出口数量（吨） | 液态蛋出口数量（吨） | 蛋粉的出口数量（吨） | 出口总值（$1 000） |
|---|---|---|---|---|
| 德　国 | 92 370 | 4 059 | 9 792 | 175 655 |
| 美　国 | 73 940 | 9 917 | 15 889 | 224 262 |
| 中　国 | 78 700 | 1 569 | 5 308 | 77 686 |
| 法　国 | 35 116 | 6 454 | 31 271 | 141 471 |
| 印　度 | 49 070 | 8 725 | 61 | 68 515 |
| 意大利 | 10 109 | 1 252 | 6 874 | 27 575 |
| 巴　西 | 14 226 | 364 | 2 688 | 25 906 |
| 俄罗斯 | 13 685 | 163 | 0 | 12 783 |
| 日　本 | 207 | 21 | 20 | 1 249 |
| 墨西哥 | 27 | 55 | 0 | 529 |
| 世　界 | 1 222 796 | 51 469 | 205 282 | 2 050 193 |

数据来源：①联合国粮农组织（FAO）数据库，http：//www.fao.org ②联合国贸易数据库 http：//data.un.org

## 二、我国鸡蛋生产和国际贸易情况

我国是世界上最大的蛋鸡饲养国，而且是世界上最大的鸡蛋生产国。进入 21 世纪，蛋鸡养殖规模有所提高，500 只以下的养殖规模户养殖量仅占总饲养量的 8%左右，但 1 万只以下规模的饲养户比例还比较多，大约占到我国蛋鸡饲养总量规模的 60%左右。蛋鸡养殖规模较小带来的主要问题是：饲养的技术含量较低，使得产蛋量不高，质量不整齐。

尽管我国鸡蛋的产量很大，但出口额并不很大，而且鸡蛋出口以价格较低的低档产品为主。2008 年中国出口蛋品金额为 13 035.9万美元，比 2007 年增长 42.8%，出口额度增长幅度较大。

中国内地鸡蛋出口的主要市场在亚洲，2008 年对亚洲出口蛋品金额为 12 283.7 万美元，占出口总额的 94.23%。主要出口国家/地区是香港、日本和澳门。2008 年，对中国香港的鸡蛋出口金额为 8 179.2 万美元，占鸡蛋出口总额的 62.74%，比 2007 年增长 34.6%；出口金额排在第二位是日本，为 1 272.3 万美元，所占比例为 32.20%，且比 2007 年增长 60.5%；对中国澳门的出口金额为 822.9 万美元，增长 40.7%。

就出口品种来说，我国仍然以鲜蛋出口为主。2008 年，鲜蛋出口金额为 7 994.3 万美元，占全部鸡蛋出口额的 61.33%。蛋产品出口金额为 5 017.80 万元，占鸡蛋出口额的比例为 38.5%。种用蛋出口的量非常小，仅为 23.8 万美元，还不到全部鸡蛋出口额的 0.2%，且比 2007 年的种用蛋出口额有所减少。

我国鸡蛋出口的地区主要集中在湖北、辽宁、山东和广东，2008 年这几省的出口总额 9 478.5 万美元，占全国出口额的 72.71%。其中出口额最大的是湖北省，约为 4 073.8 万美元，占全国鸡蛋出口额的 32%；出口增长最快的是辽宁省，从 2007 年的 896.0 万美元增加到 2008 年的 2 244.6 万美元，增长率为 150.5%。

## 三、我国蛋鸡产业竞争力分析

国际竞争力是指在国际自由贸易条件下（或在排除贸易壁垒因素的假设条件下），一国或地区特定产业以其相对于他国的更高生产力，向国际市场提供符合消费者（包括生产性消费者）或购买者需求的更多产品，并持续地获得赢利的能力[①]。

由于蛋鸡的国际贸易量很小，所以本文通过对鸡蛋国际竞争

① 金碚：《中国工业国际竞争力——理论、方法与实证研究》经济管理出版社：1997。

力的评价来评价我国蛋鸡产业的竞争力。本报告结合鸡蛋进出口自身特点与可得数据建立鸡蛋竞争力评价体系：竞争业绩指标与竞争实力指标。竞争业绩研究包括固定市场份额模型、国际市场占有率指数、显示性比较优势指数、贸易竞争指数；竞争实力指标包括价格水平指标与产品质量升级指数。

## （一）竞争业绩指标

**1. 国际市场占有率。** 国际市场占有率是指一国或地区的某种商品的出口额占该商品全部出口额的比率，反映这个国家在该商品在国际市场竞争中所占据的“势力范围”。一般而言，国际市场占有率越高，该产品的国际竞争力越强。它的计算公式如下：

$$MOR=(x_i/X_i)\times 100\% \tag{1}$$

$x_i$ 代表我国某种蛋产品的出口额，$X_i$ 代表该产品总的出口额。根据这个公式，计算出我国 2007 年鸡蛋产品，并与其他鸡蛋主产国的市场占有率进行比较的如图 2 所示：

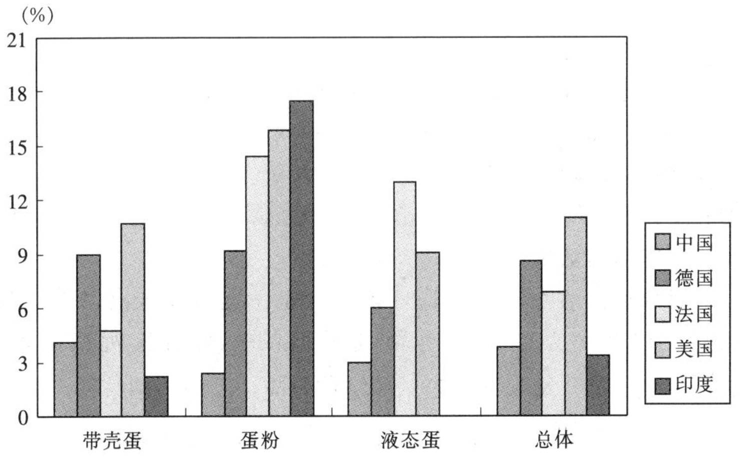


图 2　2006 年世界主要蛋鸡生产国蛋品的国际市场占有率

数据来源：根据联合国粮农组织（FAO）数据库，http：//www.fao.org 计算。

从图 2 可以看到，总体来说，我国蛋品的国际市场占有率较低，仅为 3.79%，位居第四，美国排名第一，为 10.94%，德国为 8.6%，法国为 6.9%。我国出口蛋品中，带壳蛋的市场占有率为 4.12%，而美国为 10.69%。蛋粉和液态蛋的国际市场占有率更低，分别为 2.40%和 2.95%，而印度蛋粉的国际市场占有率则为 17.6%，法国的液态蛋国际市场占有率为 13.02%。由此可见，我国虽然是鸡蛋生产大国，但出口量却很小，且与其他国家相比差距较大。

**2. 固定市场份额模型**（CMS）。固定市场份额模型用于研究对外贸易增长源泉，它假定如果一国或地区的某种出口商品的竞争力不变，那么它的市场份额也应当不变。因此，一国出口商品的实际变化和竞争对手出口额变化之间的差就可以归结为出口结构或竞争力变化所引起的。本文采用捷普马（C. J. Jepma）修正的 CMS 模型，研究一种产品多个出口市场的情况，模型形式如下：

$$\Delta Q = MX(0) + \sum[(M_j - M)X_j(0)] + \sum[X_j(t) - X_j(0) - M_jX_j(0)] \quad (2)$$

$\Delta Q$ 表示某一时期一国某商品出口的变化量；X 表示的出口；$M_j$ 为其他国家该时期内进口这种商品的进口增长率；M 为全球这一时期内进口该商品的进口增长率。$X_j$ 代表该国对第 j 市场的出口额。CMS 模型将一国或地区实际出口增长视为三个因素共同作用的结果：

$MX(0)$ 表示增长效应，衡量的是一国或地区出口的增长在多大程度上是由于目标市场进口的一般增长所造成的。$\sum[(M_j - M)X_j(0)]$ 表示的结构效应，反映一国某种产品的出口在各个出口市场上的变化而引起总出口额的变化。$\sum[X_j(t) - X_j(0) - M_jX_j(0)]$ 表示的竞争力效应。用 CMS 模型计算 2004—2006 年结果如表 3 所示：

从表 3 可以看到出口额增加值扣除由于增长效应与结构效应对出口增加额产生的影响值后，竞争力残差约为 1 049.93 万美元，对蛋品出口增加的贡献率为 43.57%。说明国际竞争力是促进我国蛋品出口增加的重要因素。

增长效应表明：我国蛋品出口增加的最主要原因是全球需求的增长，需求效应对出口增加的贡献率高达 55.62%。市场结构对我国蛋品出口的影响微乎其微。

**表 3　中国鸡蛋品出口 CMS 分析结果**

单位：万美元

| 效　应 | 绝对量 | 比重（%） |
|---|---|---|
| 增长效应 | 13 464.71 | 55.62 |
| 结构效应 | 195.05 | 0.81 |
| 竞争力效应 | 10 549.93 | 43.57 |
| 合　计 | 24 209.70 | |

数据来源：根据（1）联合国粮农组织（FAO）数据库，http：//www.fao.org（2）联合国贸易数据库 http：//data.un.org（3）中华人民共和国商务部数据库 http://www.mofcom.gov.cn/ 数据整理计算而得。

**3. 显示性比较优势指数。**显示性比较优势指数是指一个国家或地区某类产品占其出口总值的份额与世界该类产品占世界出口份额的比率。它是 Balassa 于 1965 年测算部分国家贸易比较优势时采用的一种方法，后被世界银行等国际组织普遍采用。

$$RCA_{ij}=\frac{X_{ij}/\sum X_{tj}}{X_{iw}/\sum X_{tw}} \tag{3}$$

分子代表的是一国或地区某产业部门的出口占该国全部出口的比重，分母代表的是全世界该产业出口占世界总出口的份额。因此，RCA 指标包含了一国或地区出口结构与世界出口结构的对比。显示性比较优势指数越高说明该产品越具有国际竞争力。一般来说，若 RCA 大于 2.5，则国际竞争力极强；若 RCA 指标在 1.2～2.5 之间，则国际竞争力较强；若 RCA 指标在 0.8～1.25 之间，国际竞争力中等；若 RCA 指标小于 0.8，则国际竞争力很弱。

根据图 3，总的来说 2006 年中国的鸡蛋产品的显示性比较优势均小于 0.8，且均远小于其他主要出口国，说明该产品与其他竞争对手相比不具有竞争优势，即竞争力非常弱。分产品系类来看，蛋粉的比较优势最弱，只有 0.29。

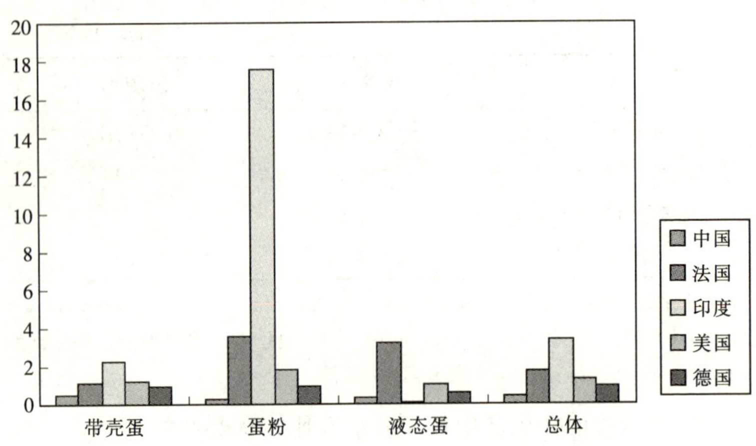


图 3　世界主要鸡蛋出口显示性比较优势

数据来源：根据（1）联合国粮农组织（FAO）数据库，http：//www.fao.org（2）联合国贸易数据库 http：//data.un.org（3）国家统计局数据库 http：//www.stats.gov.cn 数据整理计算。

**4. 贸易竞争力指数。**贸易竞争力指数（TC）又叫可比净出口指数（Normalized Trade Balance，NTB），该指标体现了贸易收支差额，反映了在国际市场竞争中一国或地区某产业出口与进口的对比情况，可以在一定程度上反映一国或地区某产品的贸易竞争能力。其计算公式如下：

$$TC = (X_i - M_i) / (X_i + M_i) \tag{4}$$

$X_i$ 代表第 i 种商品的出口额，$M_i$ 代表第 i 种商品的进口额。该数值介于−1 与 1 之间，越接近于 1 表示该国此种产品是出口与进口的差额越大，即国际竞争力越强。该指标作为一个与贸易总额的相对值，它剔除了通货膨胀、经济膨胀等宏观总量方面波动的影响，因此在不同时期、不同国家之间是可比的。

根据公式（4），可以计算出世界主要蛋鸡生产国的贸易竞争力指数（图 4）。我国在鸡蛋产品的贸易竞争力指数均接近于 1（图 4），说明在鸡蛋产品上我国属于净出口国家，且出口额远远大于进口额。主要蛋鸡生产国家中，美国和印度也同样处于净出口的地位，且印度在各项鸡蛋产品上的贸易竞争力指数均高于中国。同时也可以看到，德国处于净进口的地位，而法国在不同的产品上竞争力表现不同，其蛋粉的贸易竞争力指数最高。

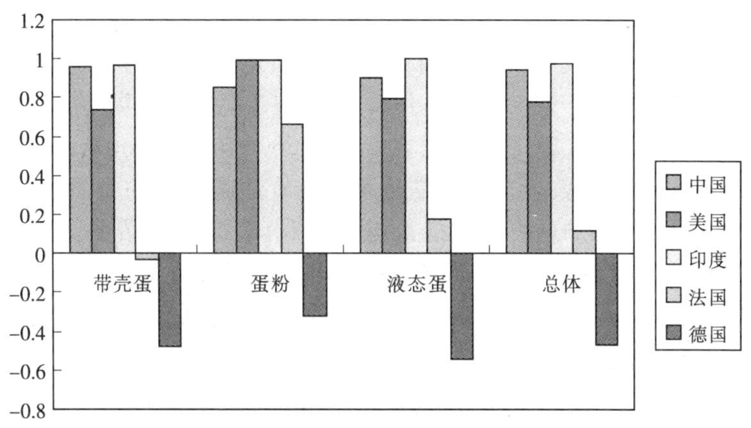


图 4　世界蛋鸡主要生产国贸易竞争力指数

数据来源：根据（1）联合国粮农组织（FAO）数据库，http：//www.fao.org（2）联合国贸易数据库 http：//data.un.org 数据整理计算。

## （二）竞争实力指标

**1. 价格指数。**在评价产品的国际竞争力时，常常采用价格比较法，假定产品质量水平相同，相对平均价格越低，竞争力越强，反之价格越高，竞争力越弱。从表 4 可以看到，我国带壳蛋的价格为 663.17 美元/吨，处于较低的水平，仅仅高于印度和美国。而欧洲国家的带壳蛋价格普遍很高，从价格角度来说，我国的带壳蛋在欧洲的竞争力较强。由于日本的带壳蛋价格非常高，且在地理位置上与我国临近，所以我国的鸡蛋产品在日本也具有非常强的竞争力。

**2. 产品质量升级指数。**农产品质量升级指数，是通过计算每单位农产品的出口价格的变化，来间接地反映出口农产品的质量的变化。计算公式为：

$$QC_i = (E_i^t / X_i^t) / (E_i^0 / X_i^0) \tag{5}$$

$QC_i$ 为第 i 种产品的质量变化。$E_i^t$、$X_i^t$ 分别为报告期第 i 种产品的出口总额出口数量；$E_i^0$、$X_i^0$ 分别为基期第 i 种产品的出口总额和出口数量。若该指标值大于 1，表示以出口价格反映的农产品质量上升该指标值小于 1，表示农产品质量下降。

根据公式（5）可以计算出 2002—2006 年我国鸡蛋产品的质量升级指数（表 5）。无论是从总体上看还是从单种商品上看，我国鸡蛋产品的质量升级指数均大于 1（表 5），这说明 2002—2006 年间，鸡蛋产品的质量有所上升。其中带壳蛋的质量升级指数最大，约为 1.85，表示带壳蛋的质量提高的幅度最大，相比之下液态蛋的质量变化不是很明显。

**表 4　2006 年主要蛋鸡生产国带壳蛋的价格**

单位：美元/吨

| 国　家 | 价　格 |
|---|---|
| 意大利 | 1 730.79 |
| 日　本 | 1 481.05 |
| 德　国 | 1 391.89 |
| 俄罗斯 | 1 084.85 |

（续）

| 国　家 | 价　格 |
| --- | --- |
| 法　国 | 1 009.04 |
| 墨西哥 | 807.75 |
| 巴　西 | 691.48 |
| 中　国 | 663.17 |
| 印　度 | 601 |
| 美　国 | 567.8 |

数据来源：联合国粮农组织（FAO）数据库，http：//www.fao.org。

**表5　鸡蛋产品质量升级指数**

| 带壳蛋 | 蛋粉 | 液态蛋 | 总体 |
| --- | --- | --- | --- |
| 1.85 | 1.34 | 1.12 | 1.90 |

## 四、小　　结

本报告在分析国内外蛋鸡产业生产以及贸易的基础上，应用多种方法评价了我国鸡蛋产品的国际竞争力，得出的判断是，我国蛋鸡产业竞总体上争力不强。第一，我国鸡蛋产品的国际市场占有率较低，且出口主要集中在亚洲市场。第二，与其他出口商品相比，我国鸡蛋出口不具有比较优势；第三，我国鸡蛋价格处于世界的中下水平。可喜的是我国的鸡蛋产品质量有了一定的提升，尤其是带壳蛋的质量提升幅度比较大。本报告研究还发现，加入WTO以来我国鸡蛋出口额之所以大幅度增长，主要原因是整个国际市场需求的增长，其次是我国鸡蛋产品竞争力的提高。

### 主要参考文献

金碚．中国工业国际竞争力——理论、方法与实证研究［M］．北京：经济

管理出版社：1997
陈卫平．中国农业国际竞争力——理论、方法与实证研究［M］．北京：中国人民大学出版社，2005
帅传敏，程国强．中国农产品国际竞争力的估计，管理世界［J］.2003（1）：97－103
赵美玲，王述英．农业国际竞争力评价指标体系与评价模型研究．南开经济评论［J］2005（6）：39－44
邹薇．关于中国国际竞争力的实证测度与理论研究，经济评论［J］.1999（5）：27－32
魏刚才，马汉军等．我国蛋鸡业存在的问题及对策，安徽农业科学［J］.2006（7）：1368－1369，1371

# 中国蛋品对外贸易特征与展望*

冯贞柏[1]　刘合光[2]　秦富[2]

（1. 五邑大学管理学院，广东江门 529020；
2. 中国农业科学院农业经济与发展研究所，北京 100081）

中国是世界上最早驯养禽类的国家之一，到目前已有 4 000 多年的历史。改革开放是我国蛋鸡业迅猛发展的起点，从 20 世纪 70 年代末至今 30 年间，我国蛋品产量已连续 26 年雄踞世界第一，平均年增长率超过了 10%。蛋鸡产业的快速发展奠定了我国蛋品贸易的坚实基础。

## 一、中国蛋品生产贸易概况

中国是人口大国，也是蛋品消费大国。随着经济的发展和生活水平的提高，中国的蛋品消费量和生产量有了很大的扩展，全国蛋品总产量由 1961 年的 121 万吨提高至 2007 年的 2 200 万吨，增长了近 20 倍；中国蛋品占世界蛋品产量的比重也由 1961 年的 8.41%提高至 2005 年的 43.09%，增长了约 5 倍；蛋品产量稳居世界第一位，2007 年产量约为世界第二位国家（美国）

* 本报告得到“国家蛋鸡产业技术体系建设专项经费”资助。

的 5 倍[1]。自从中国加入 WTO 以后，中国蛋品出口快速增长：2002 年蛋品出口达 8 105 万美元，增长率达到 123.3%；随后的几年，蛋品出口呈现螺旋式上升的态势，2004 年，我国鲜蛋出口量为 10.47 亿枚，同比增长 30.07%；2008 年，中国蛋品出口总金额达 26 071 万美元，是 2001 年的 7 倍多。

我国虽然是世界第一的蛋品生产大国，但却是一个蛋品贸易小国。2008 年我国鲜蛋进口量为 0.84 万吨，116.9 万美元；出口量为 27.3 万吨，26 071.8 万美元，仅占全球出口总量的 8.3%，年出口量也不足我国蛋品总产量的 0.5%。同时我国蛋品在国际市场上，因为药物残留和微生物指标等因素，只能销售到我国香港、澳门等地和阿拉伯国家，价格也较低。影响我国蛋品出口的因素较多，其中蛋品保鲜期短、加工和贮藏条件要求较高是产蛋高峰期需要解决的主要问题。另外，由于我国蛋品生产分散，收集、运输所用时间较长，而蛋品生产又集中在高温高湿季节，致使蛋品大量积压，极易腐败变质，这些因素严重影响了我国蛋品对外贸易的地理半径。

## 二、蛋品贸易特征

中国是蛋品的生产和消费大国，其蛋品贸易表现为如下特征：蛋品出口来源相对集中、规模相对产量而言比较小、出口目的地集中，蛋品出口呈现快速发展的势头。

### （一）中国蛋品贸易呈现明显的阶段性发展特征

中国蛋品国际贸易还处在单向贸易阶段，产业内贸易指数较低，也就是说，中国蛋品主要还是以出口为主，进口数量和金额

① 具体数据参见 http：//www.caaa.cn/show/newsarticle.php? ID=82747 以及《中国统计年鉴（2008）》。

极少，而且进口的地区及数额也很不稳定：1995 年，中国进口世界各国的蛋品总金额为 167.6 万美元，至 2008 年，中国进口蛋品的总金额不增反减，仅为 117 万美元。

如图 1 所示，中国蛋品出口则呈现明显的阶段性特点：1995—2001 年间，蛋品出口总金额没有太大变化，1995 年为 3 356.9万美元，2001 年为 3 629.1 万美元；2001—2008 年，中国蛋品出口总额快速攀升，至 2008 年，中国蛋品出口总额上升为 26 071.8 万美元，7 年间共提高了 7 倍多，年均增长率超过 100%。这些特点与中国于 2001 年加入 WTO，出口环境得到了极大的改善有关。

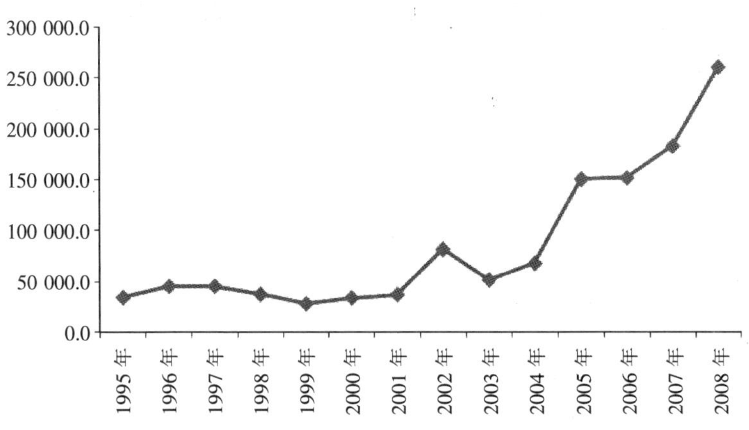


图 1　中国蛋品出口增长曲线（千美元）

数据来源：中国统计年鉴（2008）。

## （二）中国蛋品贸易品种相对集中

如图 2 所示，从产品结构来看，中国蛋品进口主要以种用禽蛋为主，以及少量其他蛋黄。2008 年，中国进口蛋品总金额为 117 万美元，其中种禽蛋总金额 93.51 万美元，占进口总金额

80%。从结构上看，鲜鸭蛋和鲜蛋品是中国蛋品出口的主要品种，另外还出口少部分干去壳禽蛋、咸蛋和皮蛋。2008 年，中国出口蛋品总金额为 26 071.8 万美元，其中，鲜鸭蛋 13 035.9 万美元，占出口总金额的 50%；鲜蛋品 7 990.0 万美元，占出口总金额的 31%；咸蛋 1 473.4 万美元，占出口总金额的 6%；干去壳蛋品 1 397.0 万美元，占出口总金额的 5%；皮蛋 1 061.5 万美元，占出口总金额的 4%。

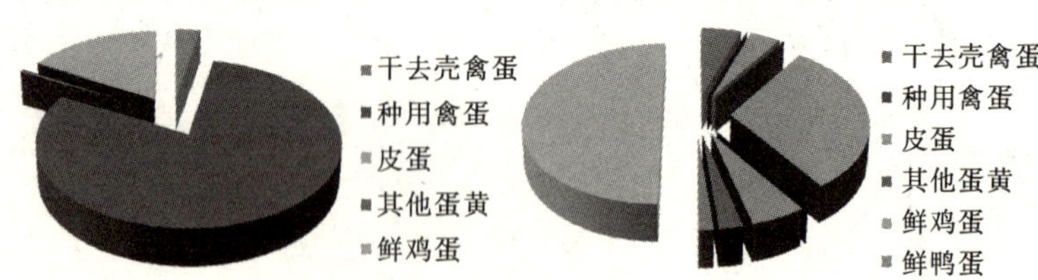


图 2　中国蛋品贸易的结构示意图

数据来源：www.fao.org.

## （三）中国蛋品出口市场集中度高

本文用市场集中度 CR（concentration ratio）指数来分析中国蛋品出口市场的集中程度特征。CR 最初指在一个行业中，若干最大企业的产出占该行业总产出的百分比，绝对集中度反映一个行业的垄断程度。本报告引用 CR 指数来衡量中国蛋品市场的特征，也可以反映中国蛋品行业在整个世界市场分布的状况[①]。

在一定时期范围内，中国蛋品销售地区排名榜单中，排名最前面的 n 个国家或地区对于该项目数值的和占到同期市场总和的

① B. Ohn，Interregional and International Trade，Cambirdge，Mass.：Harvard University Press，1933.

比值。那么市场集中度 $CR_n$ 的计算公式为：

$$CR_n = \frac{\sum (X_i)n}{\sum (X_i)N} \times 100\% \qquad (N>n)$$

其中，$CR_n$ 代表规模最大的前几个销售地区的市场集中度；$X_i$ 表示第 i 个地区的销售额；n 表示前几个蛋品销售规模最大的地区；N 表示中国蛋品出口的地区总数。表 1 是 2008 年中国蛋品出口的地理方向，我们可以由此计算出市场集中度指数。

**表 1　2008 年中国蛋品出口的主要市场**

单位：万美元

| 国家/地区 | 出口总额 | 国家/地区 | 出口总额 | 国家/地区 | 出口总额 |
|---|---|---|---|---|---|
| 中国香港 | 8 179.17 | 约旦 | 157.54 | 塞拉利昂 | 7.6 |
| 日本 | 1 272.30 | 沙特阿拉伯 | 141.76 | 蒙古 | 7.5 |
| 中国澳门 | 822.9 | 科威特 | 109.0 | 俄罗斯 | 5.82 |
| 美国 | 465.16 | 吉尔吉斯斯坦 | 82.5 | 巴基斯坦 | 5.48 |
| 韩国 | 364.79 | 乌克兰 | 41.98 | 越南 | 2.50 |
| 印度尼西亚 | 281.99 | 澳大利亚 | 37.7 | 新西兰 | 1.8 |
| 新加坡 | 241.73 | 泰国 | 26.76 | 爱沙尼亚 | 1.69 |
| 加拿大 | 185.6 | 塔吉克斯坦 | 18.0 | 哥伦比亚 | 1.59 |
| 中国台湾 | 183.82 | 也门 | 17.72 | 加纳 | 1.4 |
| 哈萨克斯坦 | 182.04 | 土耳其 | 10.83 | 文莱 | 1.4 |
| 马来西亚 | 163.74 | 阿联酋 | 8.47 | 毛里求斯 | 1.0 |

数据来源：中国海关。

从表 1 不难看出，中国蛋品的市场集中度是非常高的，销售目的地主要是亚洲及北美洲地区，这两大市场集中了中国蛋品出口的绝大部分销售额。尤其是亚洲地区的我国香港、澳门地区及日本 、韩国等国家是中国蛋品的最大且最集中的销售市场。经计算，2008 年，中国蛋品出口市场的 $CR_5$ 为 85.18%，$CR_{10}$ 为 93.43%，可以反映出中国蛋品出口的地域集中度很高，这同时也说明中国蛋品出口受到了某些条件的制约，尤其是加工技术的限制，使得出口的半径大为缩小，只能出口亚洲邻近国家和地区。

## （四）中国蛋品产地及出口来源地相对集中

中国蛋品的生产多年来一直呈现稳步增长的轨迹。据中国统计年鉴，1996 年，中国鸡蛋总产量约为 1 965 万吨，至 2008 年，中国蛋品总产量约 2 700 万吨。根据 2008 年数据，中国禽蛋生产的主产区是河北、山东、河南、辽宁、江苏、四川等省份，其中，河北产量为 410 万吨，占全国 15.2%；河南 371 万吨，占全国 13.7%；山东 365 万吨，占全国 13.5%；辽宁 254 万吨，占全国 9.4%；江苏 172 万吨，占全国 6.4%；四川 143 万吨，占全国 5.3%。若以排名前四位的省区作集中度测算，则可得到 $CR_4$ 为 51.9%；若以排名前六位的省区作集中度测算，则可得到 $CR_6$ 为 63.5%。

另外，我们可以引用赫芬达尔—赫希曼指数来说明中国蛋品生产省份的总数和规模分布，即将所有省份的市场份额平方后再相加的总和，计算公式如下：

$$HHI = \sum_{i=1}^{N} (X_i/X)^2 = \sum_{i=1}^{N} S_i^2$$

其中，$X_i$ 表示第 i 个省份的蛋品年产量；X 表示全国蛋品年总产量[①]。

① 参见金碚：中国工业国际竞争力——理论、方法和实证研究，经济管理出版社，1997。

**表 2　中国蛋品生产的产量及赫芬达尔—赫希曼指数**

| 省　份 | 各地产量（万吨） | 产值比重 $S_i$（%） | $S_i^2$ |
|---|---|---|---|
| 全　国 | 2 702.2 | | |
| 北　京 | 15.2 | 0.56 | 0.32 |
| 天　津 | 19.7 | 0.73 | 0.53 |
| 河　北 | 411.0 | 15.21 | 231.34 |
| 山　西 | 61.6 | 2.28 | 5.20 |
| 内蒙古 | 45.5 | 1.69 | 2.84 |
| 辽　宁 | 254.2 | 9.41 | 88.49 |
| 吉　林 | 87.1 | 3.22 | 10.39 |
| 黑龙江 | 93.7 | 3.47 | 12.02 |
| 上　海 | 6.2 | 0.23 | 0.05 |
| 江　苏 | 172.1 | 6.37 | 40.56 |
| 浙　江 | 41.4 | 1.53 | 2.35 |
| 安　徽 | 112.1 | 4.15 | 17.21 |
| 福　建 | 33.0 | 1.22 | 1.49 |
| 江　西 | 40.0 | 1.48 | 2.19 |
| 山　东 | 365.0 | 13.51 | 182.44 |
| 河　南 | 371.7 | 13.76 | 189.21 |
| 湖　北 | 124.1 | 4.59 | 21.09 |
| 湖　南 | 87.5 | 3.24 | 10.48 |
| 广　东 | 32.4 | 1.20 | 1.43 |
| 广　西 | 17.9 | 0.66 | 0.44 |
| 海　南 | 3.1 | 0.12 | 0.01 |
| 重　庆 | 41.3 | 1.53 | 2.34 |
| 四　川 | 143.0 | 5.29 | 28.01 |
| 贵　州 | 10.8 | 0.40 | 0.16 |
| 云　南 | 19.4 | 0.72 | 0.52 |

（续）

| 省　份 | 各地产量（万吨） | 产值比重 $S_i$（%） | $S_i^2$ |
|---|---|---|---|
| 西　藏 | 0.3 | 0.01 | 0.00 |
| 陕　西 | 48.2 | 1.78 | 3.18 |
| 甘　肃 | 11.9 | 0.44 | 0.19 |
| 青　海 | 1.4 | 0.05 | 0.00 |
| 宁　夏 | 6.4 | 0.24 | 0.06 |
| 新　疆 | 24.9 | 0.92 | 0.85 |
| 赫希曼指数 | | | 855.40 |

数据来源：中国统计年鉴（2009）。

中国蛋品生产的赫芬达尔—赫希曼指数可以作如下解释：当产地高度集中时，该指数等于 10 000，当所有产地规模相同时，该指数等于$\frac{1}{n}$，故而这一指标在$\frac{1}{n}$～10 000 之间变动，数值越大，表明产地分布的不均匀程度越高。2008 年中国蛋品产量的赫芬达尔—赫希曼指数是 855.40，说明中国鸡蛋生产集中度比较高。

**表 3　2008 年中国蛋品进出口的省份及金额**

单位：万美元

| 省份 | 出口总金额 | 进口总金额 | 省份 | 出口总金额 | 进口总金额 |
|---|---|---|---|---|---|
| 湖北 | 4 119.0 | 0.0 | 陕西 | 100.5 | 0.0 |
| 辽宁 | 2 243.9 | 3.3 | 北京 | 77.7 | 100.7 |
| 山东 | 1 792.9 | 5.9 | 江苏 | 62.6 | 0.0 |
| 广东 | 1 425.1 | 0.3 | 新疆 | 57.8 | 0.0 |
| 福建 | 855.7 | 0.7 | 上海 | 55.8 | 0.4 |
| 山西 | 810.8 | 0.0 | 河北 | 55.3 | 0.0 |
| 吉林 | 641.1 | 0.0 | 内蒙古 | 7.5 | 0.0 |

（续）

| 省份 | 出口总金额 | 进口总金额 | 省份 | 出口总金额 | 进口总金额 |
|---|---|---|---|---|---|
| 天津 | 442.7 | 2.9 | 河南 | 5.5 | 0.0 |
| 江西 | 142.9 | 0.0 | 重庆 | 3.4 | 0.0 |
| 浙江 | 134.9 | 0.0 | 云南 | 0.0 | 2.8 |

数据来源：中国海关，2009。

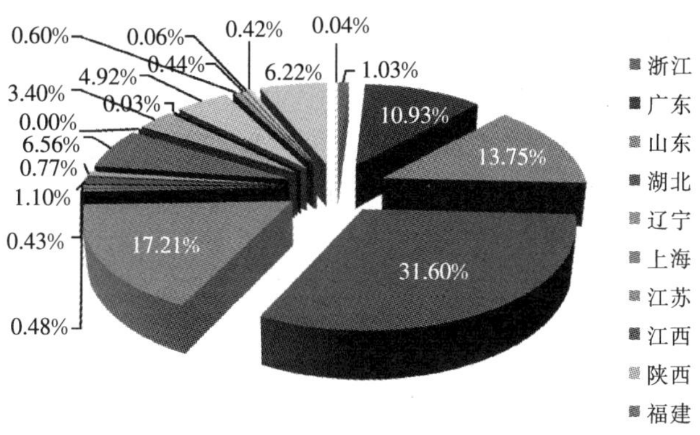


图 3　2008 年中国蛋品出口的省份结构示意

数据来源：中国海关，2009。

从出口地区数据情况分析，2008 年底，中国禽蛋出口的主要地区是湖北、辽宁、山东、广东、福建等省。与生产地排名比较，二者之间的一致性不明显，这与国内外市场的需求状况有关。其中，湖北是中国最大的出口省份，出口金额 4 119.0 万美元，占全国出口总额的 31.6%；其次分别为辽宁、山东、广东、福建，出口总额分别为 2 243.9、1 792.9、1 425.1、855.7，占全国出口总额的比重分别为 17.2%、13.8%、10.93% 和 6.56%。若以出口排名前五位的省区作集中度测算，则可得到 $CR_5$ 为 80.05%；若以出口排名前十位的省区作集中度测算，则

可得到 $CR_{10}$ 为 88.27%。由此不难看出，中国蛋品出口地集中度也是比较高的，反映了产地蛋品生产和出口的规模经济特征。

## 三、蛋品比较优势变迁情况

### （一）显示性比较优势

美国经济学家巴拉萨（Balassa）于 1965 年提出了显示性比较优势指数（Revealed Comparative Advantage Index，简称 RCA 指数）[①]。它是衡量一国产品或产业在国际市场竞争力最具说服力的指标。旨在定量地描述一个国家内各个产业（产品组）相对出口的表现。通过 RCA 指数可以判定我国蛋品出口是否具出口竞争力，从而揭示我国在国际贸易中的比较优势。

中国蛋品贸易的显示性比较优势指数是指中国蛋品出口额占中国货物出口总值的份额与世界出口总额中蛋品出口额所占份额的比率，用公式表示：

$$RCA_{eC}=\frac{X_{eC}/X_{tC}}{X_{eW}/X_{tW}}$$

其中，$X_{eC}$ 表示中国出口蛋类产品的出口值，$X_{tC}$ 表示中国的总出口值；$X_{eW}$ 表示全世界出口蛋类产品的出口值，$X_{tW}$ 表示全世界总出口值。表 4 是中国蛋品出口的 RCA 指数。

**表 4　中国蛋品贸易与世界的比较及 RCA 指数**

| 年　份 | 中国蛋品 百万美元 | 中国商品 10 亿美元 | 世界蛋品 10 亿美元 | 世界商品 10 亿美元 | RCA |
|---|---|---|---|---|---|
| 2000 | 33.17 | 249.20 | 6 404.63 | 6 185 601.00 | 0.13 |
| 2001 | 36.29 | 266.10 | 6 123.74 | 5 984 235.18 | 0.13 |

① Balassa，B. 1965，Comparative advantage，trade policy and economic development，1989. New York University Press，New York.

（续）

| 年　份 | 中国蛋品<br>百万美元 | 中国商品<br>10 亿美元 | 世界蛋品<br>10 亿美元 | 世界商品<br>10 亿美元 | RCA |
|---|---|---|---|---|---|
| 2002 | 81.06 | 325.60 | 6 441.86 | 6 272 000.00 | 0.24 |
| 2003 | 50.79 | 438.23 | 7 517.74 | 7 294 000.00 | 0.11 |
| 2004 | 67.30 | 593.32 | 9 105.34 | 8 907 359.00 | 0.11 |
| 2005 | 150.19 | 761.95 | 10 370.73 | 10 159 080.00 | 0.19 |
| 2006 | 151.48 | 968.94 | 11 935.48 | 11 783 000.00 | 0.15 |
| 2007 | 182.56 | 1 217.78 | 13 999.03 | 13 618 937.00 | 0.15 |

数据来源：WTO 官方网站以及 FAO 网站数据计算而得。

显示性比较优势指数反映了一个国家某一产业的出口与世界平均出口水平比较来看的相对优势，剔除了国家总量波动和世界总量波动的影响，较好地反映了该产业的相对优势。一般而言，RCA 值接近 1 表示中性的相对比较优势，无所谓相对优势或劣势可言；RCA 值大于 1，表示该商品在国家中的出口比重大于在世界的出口比重，则该国的此产品在国际市场上具有比较优势，具有一定的国际竞争力；RCA 值小于 1，则表示在国际市场上不具有比较优势，国际竞争力相对较弱。中国蛋品外贸 RCA 指数很低，表面上看目前中国蛋品在国际市场上的显性比较优势不明显。但是，从上面的分析及表 4 的结果可以看出，中国蛋品出口的 RCA 指标从 2000 年到 2007 年有逐年提高的趋势，尤其是最低年份 0.12 到最高年份的 0.24，翻倍的增加，说明中国蛋品出口的比较优势增长的速度高于全国总产品的增长速度。

**表 5　中国蛋品贸易的 TC 指数**

| 年　份 | 中国蛋品<br>进口总金额<br>（千美元） | 中国蛋品<br>出口总金额<br>（千美元） | $X_{eC}-M_{eC}$ | $X_{eC}+M_{eC}$ | $TC_{eC}$ |
|---|---|---|---|---|---|
| 1995 | 1 675.7 | 33 568.7 | 31 892.99 | 35 244.33 | 0.90 |
| 1996 | 1 133.1 | 44 748.2 | 43 615.12 | 45 881.27 | 0.95 |

（续）

| 年 份 | 中国蛋品进口总金额（千美元） | 中国蛋品出口总金额（千美元） | $X_{eC}-M_{eC}$ | $X_{eC}+M_{eC}$ | $TC_{eC}$ |
|---|---|---|---|---|---|
| 1997 | 1 297.2 | 44 753.7 | 43 456.50 | 46 050.99 | 0.94 |
| 1998 | 739.1 | 36 606.5 | 35 867.43 | 37 345.66 | 0.96 |
| 1999 | 764.4 | 27 365.1 | 26 600.73 | 28 129.46 | 0.95 |
| 2000 | 584.7 | 33 172.2 | 32 587.45 | 33 756.91 | 0.97 |
| 2001 | 472.96 | 36 291.34 | 35 818.38 | 36 764.29 | 0.97 |
| 2002 | 373.7 | 81 057.3 | 80 683.61 | 81 431.02 | 0.99 |
| 2003 | 385.86 | 50 793.00 | 50 407.14 | 51 178.86 | 0.98 |
| 2004 | 70.51 | 67 304.42 | 67 233.91 | 67 374.94 | 1.00 |
| 2005 | 39.9 | 150 193.1 | 150 153.13 | 150 233.00 | 1.00 |
| 2006 | 1 190.8 | 151 480.9 | 150 290.12 | 152 671.68 | 0.98 |
| 2007 | 139.3 | 182 559.9 | 182 420.55 | 182 699.22 | 1.00 |
| 2008 | 1 169.5 | 260 718.4 | 259 548.94 | 261 887.95 | 0.99 |

数据来源：中国海关，2009。

## （二）贸易竞争指数

分析一国产品在世界市场上是否具有竞争优势，不仅可以从 RCA 指标来分析某种产品的相对竞争力，还可以利用 TC（贸易竞争指数）来分析。贸易竞争指数是一国某产业或产品的净出口与其进出口总额之比。除了表示产品的竞争力外，该指标还被用于衡量国际分工的类型。一般而言，TC 指数总是处于－1 与 1 之间，越接近于 1，说明该项产品越处于比较优势地位，国际竞争力就越强；越接近于－1，说明该产品越处于比较劣势地位，国际竞争力就越弱。若－1＜TC＜－0.3，表明一国某产品处于输入型垂直分工；若－0.3＜TC＜0.3，表明处于输入型（输出型）水平分工；若 0.3<TC<1，表明处于输出型垂直分工[①]。

中国蛋品出口的竞争力指数计算公式如下：

$$TC_{eC}=(X_{eC}-M_{eC})/(X_{eC}+M_{eC})$$

其中，$TC_{eC}$表示中国蛋品贸易竞争优势指数，$X_{eC}$和 $M_{eC}$分别代表中国蛋品或蛋品产业的出口额和进口额。表 5 显示我国蛋品贸易竞争力指数自 1995 年至 2008 年均为正值，而且大部分年份几乎接近于 1，这就表明我国蛋品贸易在整体上处于优势地位，有很强的国际竞争力。

## 四、中国蛋品贸易发展前景展望

综上所述，中国蛋品外贸的主要特征表现为贸易集中，贸易品种相对集中，蛋品出口有着较强的竞争力。

未来中国蛋品贸易进一步发展，会受到各种因素的影响。如下因素会制约我国蛋品贸易的发展：

第一，蛋品的生产方式以农户为主的散养，制约了中国蛋品业的养殖和生产规模。进入 21 世纪，蛋鸡养殖规模有所提高，500 只以下的养殖规模户养殖量仅占总饲养量的 8%左右，但 1 万只以下规模的饲养户比例还比较多，大约占到我国蛋鸡饲养总量规模的 60%左右。这在很大程度上制约了蛋品生产的规模经济效应，限制了为蛋品出口创汇能力以及产业国际竞争力的提升。

第二，蛋品的加工技术不高，导致整个产业链不够长，并且附加值低，处于微笑曲线的底端，结果贸易半径有限。我国蛋品主要用于食品等行业，用蛋量仅为 4%，蛋制品市场较窄，禽蛋加工产品主要以皮蛋、咸蛋等二次加工产品为主，禽蛋的加工转化率不到 5%，与欧洲 30%、日本 50%和美国 33%有很大的差

① 彭丽红：企业竞争力——理论和实证研究，经济科学出版社，2000。

距。而且，中国蛋品出口受到加工技术的限制，出口的半径大为缩小，只能出口亚洲邻近国家和地区。

当然，未来中国蛋品出口也会受到一些有利因素的支撑。

第一，中国具有丰富的劳动力资源，为蛋品生产提供了资源禀赋支撑。蛋品生产属于劳动密集型产业，适应中国的资源禀赋结构。我国现有 4.7 亿左右的劳动力从事于农业生产，劳动力价格低廉，有利于禽蛋生产和加工，这为蛋品的国际贸易提供了很好的要素条件。

第二，规模化养殖模式的迅速崛起，将改变我国蛋品出口格局。未来一段时间是中国蛋业市场洗牌的若干年，蛋业位于前列的龙头企业将积极推动行业集中度的提升，促进我国蛋业从"粗放"的小农生产经营模式向"集约化"产销体系的过渡。首先，龙头企业规模化的生产方式，将对诚信发挥承载作用，强化消费者对蛋品的信赖，增强出口蛋品质量，开拓技术壁垒严格的各国市场，扩大蛋品出口半径。其次，龙头企业的出现，有助于稳定市场价格，稳定我国蛋品生产，有效抵抗蛋品市场急剧波动对蛋品生产的影响，稳定出口规模。最后，集约化生产，有助于促进技术革新。龙头企业可以在鸡蛋的品质上下工夫，开拓更多的国际细分市场。

此外，政府的有效组织、民间主体积极参与国际分工与市场竞争的意识也在逐步提高等，都是有利于中国蛋品外贸发展的因素。

在要素充裕、比较优势明显、规模化养殖模式崛起等有利因素的推动下，中国蛋品贸易将克服各种障碍，呈现美好的外贸发展前景。按照中国蛋品出口 2000—2008 年期间的发展速度，到 2015 年，中国蛋品出口的总额有望达到 5 亿美元左右，中国蛋品出口量与竞争力都将登上一个新台阶。

## 主要参考文献

B. Ohlin, Interregional and International Trade, Cambridge, Mass.: Harvard University Press，1933

Balassa，B. 1965，Comparative advantage，trade policy and economic development，1989. New York University Press，New York

金碚．中国工业国际竞争力——理论、方法和实证研究，经济管理出版社，1997

彭丽红．企业竞争力——理论和实证研究，经济科学出版社，2000

刘会珍．我国鸡蛋生产现状及蛋品工业面临的主要问题，北方牧业[J]，2007. 5. 15

张复宏，张吉国．中国——东盟水果贸易之特征及互补性分析，对外经济贸易大学学报[J]，2009 年第 5 期

黄建忠．中国对外贸易概论[M]．北京：高等教育出版社，2003

干春晖．并购经济学[M]，清华大学出版社，2004

# 世界蛋品生产和贸易形势分析*

杨东群　李先德　秦富

（中国农业科学院农业经济与发展研究所，北京 100081）

中国是世界第一大鸡蛋生产国。但从产业发展水平上看，我国的蛋鸡产业与世界先进国家相比仍存在较大差距。例如我国鸡蛋的生产和销售标准化程度不高；鸡蛋加工技术水平与发达国家也有很大的差距；鸡蛋质量跟踪与追溯体系还未完全建立等。因此，要想提高我国蛋鸡产业水平，亟待研究世界蛋品生产和贸易状况，吸取国外的成功经验和做法，这对于更好地满足我国城乡居民对蛋品的消费需求，提高我国蛋品的国际竞争力具有重要意义。

根据联合国粮食及农业组织（以下简称粮农组织）数据库的数据，2007 年全球带壳鸡蛋的产量占禽蛋初级品产量的 92.4%，可见鸡蛋在禽蛋初级品中占有重要地位，因此带壳鸡蛋以及鸡蛋加工品也是世界蛋品生产和贸易的主要研究对象。本研究使用粮农组织数据库的数据，从该组织统计蛋品生产以及贸易所使用的三个主要蛋品类别带壳鸡蛋（hen eggs，in shell）、干蛋黄（eggs，dried）和蛋清（eggs，liquid）入手，分析世界蛋品的生产和贸易变化，特别是世界鸡蛋主产国生产变化情况、蛋品主要

* 本报告得到“国家蛋鸡产业技术体系建设专项经费”资助，该文已发表于《世界农业》2009 年第 10 期。

市场以及中国蛋品出口变化情况。在此基础上，提出促进我国蛋品生产和贸易发展的建议。

## 一、世界鸡蛋主产国的生产情况

**1. 中国、美国、印度、日本和墨西哥是位居世界前五位的鸡蛋生产国。**根据粮农组织数据库的数据，自 1961 年以来，世界鸡蛋产量一直呈增长状态。由 1961 年的 1 441 万吨增加到了 2007 年的 6 257 万吨，增长了 3 倍多。2007 年世界有 40%以上、2 200 万吨的鸡蛋是中国生产的。中国是世界上第一大鸡蛋生产国（表 1）。

**表 1　2007 年世界主要鸡蛋生产国生产情况**

单位：万吨、%

| 排　名 | 国　家 | 带壳鸡蛋产量 | 占世界带壳鸡蛋总产量的比例 |
|---|---|---|---|
| 1 | 中　国 | 2 200 | 40.0 |
| 2 | 美　国 | 531 | 8.5 |
| 3 | 印　度 | 267 | 4.3 |
| 4 | 日　本 | 253 | 4.0 |
| 5 | 墨西哥 | 230 | 3.7 |
| 6 | 俄罗斯 | 209 | 3.3 |
| 7 | 巴　西 | 169 | 2.7 |
| 8 | 印度尼西亚 | 110 | 1.8 |
| 9 | 西班牙 | 88 | 1.4 |
| 10 | 伊　朗 | 88 | 1.4 |

来源：粮农组织数据库以及中国统计年鉴。带壳鸡蛋是指 Hen eggs，in shell。我国鸡蛋产量按照禽蛋产量的 85%计算得出。

带壳鸡蛋产量居第二至第五位的国家分别是美国、印度、日本和墨西哥，这四个国家 2007 年带壳鸡蛋产量分别为 531 万吨、

267 万吨、253 万吨和 209 万吨，占世界带壳鸡蛋总产量的比例都在 4%以上。

**2. 中国和印度鸡蛋生产增长快，美国和日本鸡蛋生产在世界的比例下降。**从 1961—2006 年中国、美国、印度和日本四个鸡蛋主产国的带壳鸡蛋生产情况看，产量都在增长，但是中国和印度的增长速度明显，带壳鸡蛋产量年均增长率分别为 7.1%和 6.3%，日本年均增长率为 2.4%，而美国年均增长率仅为 0.8%。

从这四个国家带壳鸡蛋产量占世界总产量的比例看，中国和印度比例逐渐增大，而美国和日本比例则在减小。

中国自 1961 年以来带壳鸡蛋产量占世界带壳鸡蛋总产量的比例从 1961 年的 8.4%提高到 1983 年的 10.1%。1985 年，这一比例超过了美国，达到 14.5%，同时中国也成为世界上鸡蛋生产量最大的国家。1991 年，中国带壳鸡蛋产量占世界总产量的 1/5。1995 年，带壳鸡蛋产量增加到占世界总产量的近 1/3。从 2004 年开始，中国带壳鸡蛋产量达到了世界总产量的 40%以上。

印度带壳鸡蛋产量占世界总产量比例的扩大明显慢于中国。1961 年占世界带壳鸡蛋总产量的 1.2%，1977 年这一比例仅提高约一个百分点，达到 2.1%，1986 年这一比例又上升一个百分点，达到 3%。此后，经历了漫长的 15 年，在 2001 年这一比例才上升到 4%，2007 年，这一比例达到 4.3%。

美国和日本带壳鸡蛋产量在世界所占比例呈下降趋势。美国是世界上蛋鸡产业发达的国家。1961 年美国带壳鸡蛋产量就占到了世界的 1/4。1972 年，这一比例下降为世界总产量的 1/5。而到 1997 年，这一比例又降到了 10%以下，为 9.9%，此后比例继续降低，2007 年这一比例下降到 8.5%。日本 1961 年带壳鸡蛋产量在世界所占比例为 6.2%，1970 年提高到 9%，但此后带壳鸡蛋产量占世界总产量的比例开始下降，1978 年下降到

8%，1985年下降到7%，1995年下降到6%，1999年下降到5.1%，2006年下降到4%，2007年维持这一比例水平。美国和日本带壳鸡蛋产量在世界所占比例的减小，也反映了20世纪70年代以后，中国和印度等国随着经济的发展，蛋鸡产业有所进步，鸡蛋产量不断提高。

## 二、世界蛋品贸易的主要特点

### （一）世界蛋品进出口贸易呈增长趋势

图1是根据粮农组织数据库中主要统计的三类蛋品带壳鸡蛋、干蛋黄和蛋清进行整理得出的世界蛋品进出口贸易总量和贸易总额的变化情况。世界蛋品贸易自1961年以来，无论是贸易总量还是贸易额，虽然在20世纪60年代中期、80年代初到中期、90年代初期和21世纪初期有所波动，但总体来说一直呈增长趋势。进出口贸易总量从1961年的113.9万吨增加到2006年的294.4万吨，增长1.5倍，年均增长2.3%；同期贸易总额从65.2亿美元增加到416.6亿美元，增长了5倍多，年均增长4.9%。

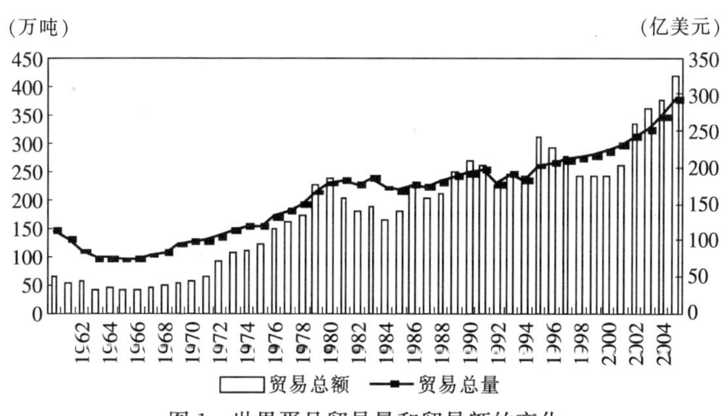


图1 世界蛋品贸易量和贸易额的变化

来源：根据粮农组织数据库数据整理。

## (二)世界蛋品进出口大国主要分布在欧洲、亚洲和北美洲

世界主要蛋品进口国或地区集中在欧洲和亚洲，排名前五位的国家或地区分别是德国、荷兰、法国、中国香港和英国。2006年德国蛋品进口量达36.2万吨，占世界蛋品进口总量的近四分之一。中国香港也是亚洲最大的蛋品进口地区，2006年进口量8.6万吨，占世界蛋品进口总量的5.8%。

**表2　2006年世界主要蛋品进出口国家或地区排名**

单位：万吨、%

| 进口排名 | 国家/地区 | 进口量 | 占世界比例 | 出口排名 | 国家/地区 | 出口量 | 占世界比例 |
|---|---|---|---|---|---|---|---|
| 1 | 德国 | 36.2 | 24.7 | 1 | 荷兰 | 36.4 | 24.6 |
| 2 | 荷兰 | 12.2 | 8.3 | 2 | 西班牙 | 16.2 | 10.9 |
| 3 | 法国 | 11.5 | 7.9 | 3 | 德国 | 10.6 | 7.2 |
| 4 | 中国香港 | 8.6 | 5.8 | 4 | 美国 | 10.0 | 6.7 |
| 5 | 英国 | 6.3 | 4.3 | 5 | 比利时 | 8.9 | 6.0 |
| 6 | 比利时 | 6.0 | 4.1 | 6 | 中国内地 | 8.6 | 5.8 |
| 7 | 新加坡 | 5.9 | 4.0 | 7 | 法国 | 7.3 | 4.9 |
| 8 | 捷克 | 4.2 | 2.9 | 8 | 马来西亚 | 6.5 | 4.4 |
| 9 | 丹麦 | 3.7 | 2.5 | 9 | 波兰 | 6.2 | 4.2 |
| 10 | 瑞士 | 3.7 | 2.5 | 10 | 印度 | 5.8 | 3.9 |
| 11 | 加拿大 | 3.5 | 2.4 | 11 | 伊朗 | 3.2 | 2.2 |
| 12 | 阿联酋 | 3.0 | 2.0 | 12 | 白俄罗斯 | 3.1 | 2.1 |
| 13 | 奥地利 | 2.7 | 1.8 | 13 | 沙特 | 2.7 | 1.8 |
| 14 | 日本 | 2.2 | 1.5 | 14 | 意大利 | 1.8 | 1.2 |
| 15 | 安哥拉 | 2.0 | 1.4 | 15 | 巴西 | 1.7 | 1.2 |
| 世界 | | 146.4 | 100.0 | 世界 | | 148.0 | 100.0 |

来源：根据粮农组织数据库整理。

世界主要蛋品出口国集中在欧洲、北美洲和亚洲。荷兰是世界蛋品出口第一大国，2006 年出口量 36.4 万吨，占世界蛋品出口总量近四分之一。西班牙蛋品出口量居第二位，最近几年出口增长较快。德国也是蛋品出口较多的国家，出口量居第三位。美国是北美洲的主要蛋品出口国，2006 年蛋品出口量居世界第四位，出口量 10 万吨，占世界总出口量的 6.7%。在亚洲，中国内地是最大的蛋品出口地区，2006 年蛋品出口量占世界市场的 5.8%。此外，马来西亚、印度等国蛋品出口也较多。

### （三）蛋品区域内贸易特点明显，但美国、荷兰跨区域出口贸易非常活跃

世界蛋品贸易以表 2 中的主要蛋品进出口大国为主，并主要在各自所在区域如欧洲、亚洲、北美洲等洲内进行。但美国、荷兰跨出其各自所在区域，在亚洲、欧洲、北非市场的贸易尤其突出。例如按出口量统计，2006 年美国带壳鸡蛋出口主要不集中在北美洲，其出口对象前三位是加拿大、中国香港和日本，并且美国的带壳鸡蛋还出口至波兰、俄罗斯、沙特阿拉伯、韩国等。美国的干蛋黄和蛋清的最大出口对象也不在北美洲，而是在亚洲的日本，美国对中国内地的干蛋黄出口量位居其出口对象国的第六位。对中国香港的蛋清出口量位居其出口对象的第四位。荷兰的带壳蛋也跨出欧洲，打入日本，2006 年荷兰对日本的干蛋黄出口量位居其出口对象的第四位，带壳鸡蛋出口量位居其出口对象的第五位。

### （四）带壳鸡蛋出口量最大，但在蛋品出口总量中所占比重下降

图 2 反映了世界主要蛋品出口类别出口量的变化情况。1961—2006 年世界带壳鸡蛋的出口量远远大于干蛋黄和蛋清的出口量，2006 年世界带壳鸡蛋出口量 122.3 万吨，干蛋黄出口

量仅为 5.1 万吨，蛋清出口量 20.5 万吨，带壳鸡蛋出口量占蛋品出口总量的 82.6%。虽然目前带壳鸡蛋出口量占蛋品出口量比例仍然很高，但是干蛋黄在蛋品出口中所占的比例已经从 1961 年的 1.5%提高到 2006 年的 3.5%，同期蛋清在蛋品出口中所占的比例由 7.4%提高到了 13.9%。目前带壳鸡蛋出口量在蛋品出口总量中的比例呈下降趋势，而早在 1961—1964 年带壳鸡蛋出口量占蛋品出口量的比例曾高达 90%以上。

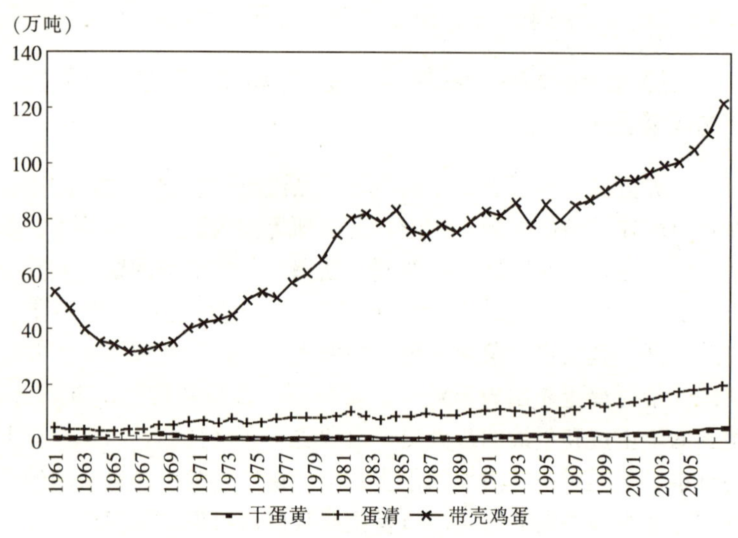


图 2　世界主要出口蛋品类别的出口量变化

来源：粮农组织数据库。

## 三、世界主要蛋品进出口市场分析

### （一）世界主要蛋品进口市场

**1. 德国蛋清和带壳鸡蛋进口量世界第一。**德国无论是在蛋清还是在带壳鸡蛋进口方面，其进口量都分别远远大于蛋清第二位进口国比利时和带壳鸡蛋第二位进口国荷兰的进口量。2006

年德国进口蛋清 4.8 万吨，占世界蛋清进口总量的近 1/4，同期比利时蛋清进口量仅是德国的一半，占世界蛋清进口总量 11.2%。2006 年德国进口带壳鸡蛋 30.7 万吨，占世界带壳鸡蛋进口总量的 1/4。同期荷兰进口带壳鸡蛋 11.4 万吨，占世界带壳鸡蛋进口总量不到 1/10。

**2. 日本是亚洲乃至世界蛋清和干蛋黄进口主要国家。**2006 年干蛋黄进口量居第一和第二位的国家是丹麦和德国，分别占世界干蛋黄进口总量的 13.6%和 13.2%。但日本干蛋黄进口量紧随其后，干蛋黄进口量占世界干蛋黄进口总量的 11.8%，进口量 6 775 吨，并且干蛋黄进口量呈增长趋势。日本 2006 年蛋清进口量达 1.2 万吨，占世界蛋清进口总量的 6%，位居世界第五位。更值得一提的是，2005 年日本蛋清进口量曾一度居世界第二位。因此，在蛋清和干蛋黄进口方面，日本不仅在亚洲，在世界也是进口大国。

**3. 中国香港和新加坡的带壳鸡蛋进口量分别居世界第四和第五位。**世界带壳鸡蛋前三位主要进口方是欧洲的德国、荷兰和法国，而位居其后的主要进口方就是亚洲的中国香港和新加坡，因此，它们也是亚洲最大的带壳鸡蛋进口方。2006 年中国香港和新加坡的带壳鸡蛋进口量分别为 8.4 万吨和 5.8 万吨，占世界带壳鸡蛋进口总量的 6.9%和 4.8%。新加坡这几年带壳鸡蛋进口量增长趋势明显。

### （二）世界主要蛋品出口市场

**1. 荷兰是世界上蛋清和带壳鸡蛋出口最多的国家。**荷兰的蛋清出口量一直呈直线增长态势。其出口量远远大于位居其后的法国、美国、西班牙和德国。1996—2006 年荷兰的蛋清出口量分别从 2.7 万吨增加到 8.2 万吨，增长了 2 倍多。2006 年荷兰的蛋清出口量占到世界蛋清出口总量的 40%。

荷兰的带壳鸡蛋出口量也远远大于位居其后的西班牙、德国、比利时和中国，2006 年出口量 27.7 万吨，占世界带壳鸡蛋出口总量的 22.7%。荷兰也是世界上带壳鸡蛋出口量占该国鸡蛋生产量比例最大的国家，2006 年有 45.4%的带壳鸡蛋出口。荷兰带壳鸡蛋出口量在 1999 年曾经一度高达 35.9 万吨，此后，呈现波动性减少，2003 年达到低谷 19.2 万吨，2004 年开始才又开始逐渐增加。

**2. 美国干蛋黄出口量居世界第一位，印度干蛋黄出口量居第二位。**2006 年美国干蛋黄出口量 9 917 吨，占世界干蛋黄出口总量的近 1/5，在 1996—2006 年间，美国干蛋黄出口波动较大，2004 年跌入低谷，此后出口增长较快。1996 年印度干蛋黄出口还仅仅排在世界第三位。但 2005 年起，印度跃居为干蛋黄出口第二大国，干蛋黄出口量 8 725 吨，占世界干蛋黄出口总量的 17%，10 年间干蛋黄出口量增长 262%。

## 四、中国蛋品的出口贸易

中国蛋品进口贸易相对较少，出口贸易较大。根据中国海关的数据，2008 年中国蛋品出口额 1.3 亿美元，进口额 117 万美元，贸易顺差为 1.29 亿美元。根据联合国粮农组织数据库的数据，2006 年中国蛋品出口量和出口额分别居世界第六和第七位，中国是世界主要蛋品出口国家。下面使用粮农组织和中国海关的数据主要分析中国蛋品的出口贸易情况。

### （一）蛋清和干蛋黄在国际市场的出口竞争能力低于带壳鸡蛋

根据粮农组织的数据，2006 年中国带壳鸡蛋出口量居世界第五位，是亚洲带壳鸡蛋出口最多的国家，出口量 7.9 万吨，占世界带壳鸡蛋出口总量的 6.4%。但是中国在世界的蛋清和干蛋黄出口量排名不如带壳鸡蛋的排名。2006 年蛋清出口量居世界第十位，出口量 0.5 万吨，占世界蛋清出口总量的 2.6%；干蛋黄出口量居世界第九位，出口量 1 569 吨，占世界干蛋黄出口总量的 3.1%。

### （二）香港和日本是中国内地蛋品最主要的出口地

中国内地的蛋品出口，绝大部分出口至香港地区和日本。根据中国海关统计，2008 年中国内地出口到香港的蛋品占蛋品出口总额的 62.7%，出口到日本的蛋品占蛋品出口总额的 9.8%，出口额分别为 8 179 万美元和 1 272 万美元，合计占中国内地蛋品出口总额的 70%以上，并且分别比上年增长了 34.6%和 60.5%。此外，中国内地也对中国澳门、美国、韩国等国家和地区出口蛋品，但出口额在蛋品出口总额中所占比例较小。2008 年，蛋品出口额排在前 10 位的出口对象国或地区中，除哈萨克斯坦外，出口额均比上年增长。特别是对中国台湾、韩国、日本的出口增长明显，增长率分别为 212.6%、109.7%、60.5%。

### （三）鲜鸡蛋出口额占蛋品出口总额的 60%左右，主要出口地是香港和澳门

中国鲜鸡蛋出口额占蛋品出口总额的比例不断提高，由 1998 年的 49.3%提高到 2008 年的 61.3%。2003 年以来这一比例就基本上保持在 60%左右，而 2007 年曾高达 63.6%。从近 11 年来中国鲜鸡蛋出口额变化情况看，除了 1999 年和 2006 年出口额比上年减少外，其余年份都比上年有所增加。特别是 2008 年鲜鸡蛋的出口额达到 7 990 万美元，比上年增长了 37.6%。

我国香港和澳门是内地最主要的鲜鸡蛋出口地（表 3），2008 年分别有 88.1%和 9.2%的鲜鸡蛋出口至香港和澳门，并且 2008 年对这两个地区的鲜鸡蛋出口均比上年有所增长。科威特成长为我国鲜鸡蛋的第三大出口市场。2007 年鲜鸡蛋出口额仅有 8 万美元，2008 年却猛增到 105 万美元。

**表 3　按照出口额对中国主要蛋品品种的出口地排名**

单位：万美元

| 鲜鸡蛋 | | | | 皮　蛋 | | | | 咸　蛋 | | | | 种用禽蛋 | | | |
|---|---|---|---|---|---|---|---|---|---|---|---|---|---|---|---|
| 排名 | 国家/地区 | 2008 年 | 2007 年 | 排名 | 国家/地区 | 2008 年 | 2007 年 | 排名 | 国家/地区 | 2008 年 | 2007 年 | 排名 | 国家/地区 | 2008 年 | 2007 年 |
| 1 | 中国香港 | 7 035 | 5 190 | 1 | 中国香港 | 255 | 233 | 1 | 中国香港 | 822 | 598 | 1 | 中国香港 | 14 | 13 |
| 2 | 中国澳门 | 737 | 520 | 2 | 美国 | 219 | 121 | 2 | 美国 | 154 | 142 | 2 | 韩国 | 7 | 11 |
| 3 | 科威特 | 105 | 8 | 3 | 新加坡 | 132 | 78 | 3 | 加拿大 | 115 | 101 | 3 | 蒙古 | 3 | |
| 4 | 吉尔吉斯斯坦 | 82 | 65 | 4 | 马来西亚 | 105 | 39 | 4 | 新加坡 | 105 | 33 | | | | |
| 5 | 塔吉克斯坦 | 18 | 11 | 5 | 日本 | 95 | 73 | 5 | 印度尼西亚 | 94 | 116 | | | | |
| 6 | 塞拉利昂 | 8 | | 6 | 韩国 | 92 | 70 | 6 | 马来西亚 | 54 | 6 | | | | |
| 7 | 日本 | 2 | | 7 | 加拿大 | 67 | 54 | 7 | 中国澳门 | 46 | 41 | | | | |
| 8 | 蒙古 | 2 | | 8 | 印度尼西亚 | 44 | 50 | 8 | 韩国 | 30 | 22 | | | | |
| | | | | 9 | 中国澳门 | 37 | 20 | 9 | 日本 | 26 | 16 | | | | |
| | | | | 10 | 澳大利亚 | 12 | | 10 | 澳大利亚 | 26 | 31 | | | | |

来源：中国海关。

### （四）咸蛋和皮蛋是我国蛋制品中的两个最主要出口品种

咸蛋和皮蛋出口占蛋制品出口总额的一半以上，是我国蛋制品中最主要两个出口品种。2008 年蛋制品出口总额为 5 018 万美元，其中咸蛋出口额为 1 473 万美元，皮蛋出口额为 1 062 万美元。咸蛋和皮蛋的出口范围广，对美国、加拿大等地理位置遥远的国家出口也较多。美国是中国皮蛋和咸蛋的第二大出口对象国。2008 年有 20.6%的皮蛋和 10.5%的咸蛋出口至美国（表 3）。

## 五、促进中国蛋品生产和贸易发展的若干思考

### （一）研究和借鉴蛋品生产和贸易发展较好国家的经验

中国和印度是目前世界上发展较快的鸡蛋主产国，美国、荷兰、德国等多年来在世界蛋品生产上占有重要的地位，技术已经比较先进、成熟，中国应该学习和借鉴这些国家蛋品生产方面的先进经验。作为世界上蛋品出口的主要国家之一，我们还应该认真研究世界蛋品出口大国荷兰等国的蛋品出口优势及其成因，促进我国蛋制品出口向更高更广的市场发展。

### （二）完善和发展国内鸡蛋生产

中国农村人口多，城乡差距大，今后若干年鸡蛋消费还会持续增长，因此，目前完善和发展国内鸡蛋生产是中国蛋品生产发展的基本方向。特别是在我国鸡蛋质量安全问题日益受到消费者重视的今天，鸡蛋生产不仅要注重量的扩大，质量安全应该提到鸡蛋生产的首要位置。为此，要努力建立与国际接轨的鸡蛋卫生防疫体系；建立健全鸡蛋相关标准；形成严格鸡蛋检测与监督机制。

### （三）提高鸡蛋深加工技术水平，扩大生产规模，开拓出口市场

目前，我国的蛋制品加工技术还比较落后，蛋制品主要是皮蛋、咸蛋、糟蛋、冰蛋、全蛋粉、蛋白粉、蛋黄粉等传统品种，与国外蛋制品加工状况相比，还有较大差距。例如目前国外巴氏杀菌液体蛋制品在澳大利亚、欧洲、日本和美国已经占鸡蛋产量的 30%～40%，但我国这一比例却不足 1%。因此，要加大资金投入，开发蛋品加工技术，研制高附加值的蛋制品，并加快技术转化速度，扩大新产品生产规模，把不易储存和运输的鲜蛋更多地转化成各种蛋制品，可以利用我国蛋品的低成本，逐渐形成较强国际竞争优势，开拓更加广阔的国际市场。

### 主要参考文献

李东．我国精品蛋鸡产业化的发展前景与育种方向和方法．中国畜禽种业，2008（5）

吕广宙．我国蛋鸡产业结构存在的问题及对策（上）（下）．家禽科学，2005（10）和 2005（11）

孙皓．对我国蛋鸡业升级换代的思考．中国禽业导刊，2007 年第 24 卷第 16 期

# 江西省蛋鸡养殖模式及产业链利益分配研究*

吴罗发[1]　魏建美[1]　万余花[1]　倪启拥[2]

（1. 江西省农业科学院农业经济发展研究所，南昌 330200；
2. 江西省德安县畜牧局，330400）

## 一、江西省蛋鸡产业发展现状

### （一）蛋鸡生产情况

江西地处中部，面积 16.69 万平方公里，人口 4 339 万。近年来，江西蛋鸡产业已由传统的农村家庭副业发展成为农业和农村经济的重要产业之一。尽管受全国性禽流感等重大疫情的影响，但全省蛋鸡养殖产业不仅保持了规模基本平稳的态势，而且产蛋率不断提高。2008 年全省家禽存栏数量 17 843 万只，与 2000 年 17 928 万只饲养规模基本相当，但是 2008 年全省禽蛋产量达到 406 196 吨，比 2000 年提高了 21.27%，年均增长率 2.78%，禽蛋产量在全国排名第 16 位左右。

目前全省蛋鸡养殖总规模 2 450 万只左右，年生产鲜鸡蛋 20 万吨左右，占全省禽蛋产量的 50%左右。全省共有 600 个左右蛋鸡养殖场，养殖蛋鸡 2 000 万只。其中存栏 1 万只以上的蛋鸡养殖场有 306 个，养殖规模达 1 200 多万只。从全省区域上来看，养殖数量、规模较大的主要有德安县、南城县、贵溪市、南

* 本报告得到国家蛋鸡产业技术体系建设专项经费资助。

**表 1　江西省家禽存栏数量变化情况**

单位：万只

| 年份 | 全省 | 南昌 | 景德镇 | 萍乡 | 九江 | 新余 | 鹰潭 | 赣州 | 吉安 | 宜春 | 抚州 | 上饶 |
|---|---|---|---|---|---|---|---|---|---|---|---|---|
| 2000 | 17 928 | 2 351 | 320 | 391 | 674 | 424 | 511 | 5 163 | 1 953 | 2 506 | 1 914 | 1 722 |
| 2001 | 17 693 | 2 364 | 311 | 426 | 691 | 392 | 530 | 5 290 | 1 506 | 2 519 | 1 999 | 1 666 |
| 2002 | 18 086 | 2 869 | 324 | 428 | 709 | 337 | 534 | 5 519 | 1 537 | 2 376 | 1 881 | 1 573 |
| 2003 | 19 040 | 2 886 | 323 | 436 | 702 | 321 | 592 | 5 678 | 2 020 | 2 270 | 2 207 | 1 607 |
| 2004 | 19 074 | 2 428 | 271 | 455 | 736 | 353 | 619 | 5 558 | 1 649 | 2 456 | 2 335 | 2 215 |
| 2005 | 18 499 | 2 520 | 286 | 466 | 993 | 288 | 349 | 4 874 | 1 963 | 2 414 | 2 202 | 2 145 |
| 2006 | 16 885 | 2 578 | 290 | 473 | 735 | 274 | 344 | 4 573 | 1 512 | 1 998 | 2152 | 1956 |
| 2007 | 17 636 | 2 580 | 293 | 482 | 780 | 234 | 412 | 4 464 | 1 905 | 1 964 | 2 629 | 1 895 |
| 2008 | 17 843 | 2 774 | 303 | 491 | 808 | 249 | 433 | 4 246 | 2 083 | 1 906 | 2 744 | 1 807 |

资料来源：《江西统计年鉴》（2001—2009）。

**表 2　江西省禽蛋产量变化情况**

单位：吨

| 年份 | 全省 | 南昌 | 景德镇 | 萍乡 | 九江 | 新余 | 鹰潭 | 赣州 | 吉安 | 宜春 | 抚州 | 上饶 |
|---|---|---|---|---|---|---|---|---|---|---|---|---|
| 2000 | 334 960 | 100 452 | 8 027 | 6 317 | 13 036 | 8 593 | 13 166 | 67 784 | 15 241 | 48 083 | 32 375 | 21 886 |
| 2001 | 336 352 | 105 987 | 7 987 | 6 347 | 12 721 | 8 366 | 13 222 | 62 098 | 15 840 | 46 807 | 33 738 | 23 239 |
| 2002 | 353 658 | 111 024 | 8 150 | 6 345 | 14 519 | 6 721 | 13 651 | 58 922 | 17 113 | 51 384 | 35 009 | 30 820 |
| 2003 | 370 631 | 111 049 | 8 080 | 6 809 | 14 278 | 6 718 | 14 003 | 61 175 | 28 092 | 50 381 | 34 958 | 35 088 |
| 2004 | 403 111 | 109 049 | 7 729 | 7 000 | 18 797 | 6 253 | 14 922 | 64 306 | 35 361 | 54 684 | 35 573 | 54 437 |
| 2005 | 420 869 | 115 849 | 8 098 | 7 124 | 23 019 | 5 724 | 15 117 | 70 306 | 33 959 | 59 104 | 34 904 | 47 665 |
| 2006 | 403 563 | 123 125 | 7 897 | 7 122 | 21 943 | 5 697 | 15 167 | 63 500 | 27 508 | 53 381 | 42 990 | 35 233 |
| 2007 | 397 749 | 129 888 | 7 933 | 7 301 | 23 780 | 5 459 | 15 512 | 58 135 | 27 245 | 49 158 | 40 255 | 33 083 |
| 2008 | 403 196 | 132 932 | 8 093 | 7 657 | 23 579 | 5 963 | 17 483 | 58 039 | 34 803 | 45 504 | 40 965 | 31 178 |

资料来源：《江西统计年鉴》（2001—2009）。

昌县、进贤县、宜丰县、丰城市、宁都县、广丰县、吉水县等10个县（市）。

### （二）鸡蛋消费和市场需求

随着人民生活水平的提高，全省禽蛋消费量快速增长，由2000年的15.33万吨增长到2008年的23.06万吨，人均蛋品消费量由2000年的3.70千克增长到2008年的5.24千克，但与全国人均鸡蛋占有量约16千克的差距十分巨大。根据国际鸡蛋委员会（IEC）统计报告，到2015年全球的鸡蛋需求量将比2005年增加1 200万吨，达7 090万吨，未来对鸡蛋的额外需求中将有2/3来自亚洲市场，其中中国对鸡蛋的额外需求最高，达600万吨。进一步说明了我国鸡蛋产业的巨大市场需求和发展前景。

### （三）存在问题

调查发现，江西省蛋鸡产业发展存在薄弱环节：①产业化程度低。能带动产业发展的龙头企业还很少，禽产品加工滞后，产后链条短，农民专业合作经济组织刚刚起步；②繁育体系不健全，全省没有规范的种鸡场；③动物防疫检疫基础设施落后，新病增多，动物保护难度大；④个别养殖小区密度过高，疫病发生频繁，用药成本明显过高；⑤缺乏统一品牌，市场竞争力不强。

## 二、江西省蛋鸡养殖模式研究

按照蛋鸡生产经营主体的构成情况，江西省蛋鸡养殖模式主要有三种：①“林果＋蛋鸡”养殖模式（简称“林果散养模式”）；②“合作社＋农户”养殖模式（简称“合作社模式”）；③“龙头企业＋农户”养殖模式（简称“龙头企业”模式）。我

**表 3 江西省禽蛋消费变化情况**

单位：千克，吨

| 地区 | 项目 | 2000 | 2001 | 2002 | 2003 | 2004 | 2005 | 2006 | 2007 | 2008 |
|---|---|---|---|---|---|---|---|---|---|---|
| 农村 | 人均消费 | 3.26 | 3.17 | 2.89 | 3.5 | 3.12 | 3.5 | 3.27 | 3.34 | 3.47 |
| | 农村消费 | 97 794 | 92 338 | 82 735 | 98 243 | 86 096 | 94 912 | 87 007 | 87 835 | 89 534 |
| 城镇 | 人均消费 | 4.83 | 4.87 | 4.92 | 5.08 | 5.80 | 5.73 | 5.71 | 7.68 | 7.75 |
| | 城镇消费 | 55 510 | 61 986 | 66 919 | 73 556 | 88 362 | 91 603 | 95 882 | 133 561 | 141 059 |
| 全省 | 禽蛋消费 | 153 304 | 154 324 | 149 654 | 171 799 | 174 458 | 186 515 | 182 888 | 221 396 | 230 593 |
| | 人均消费 | 3.70 | 3.69 | 3.54 | 4.04 | 4.07 | 4.33 | 4.21 | 5.07 | 5.24 |

资料来源：《江西统计年鉴》（2001—2009）。

们针对三种养殖模式，分别选择一个典型案例进行实地调查。

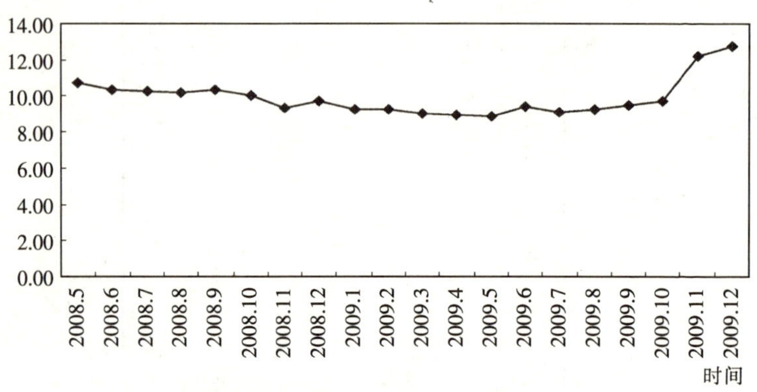


图 1　江西省近期鸡蛋市场价格变化情况（元/千克）

资料来源：江西省农业厅。

### （一）典型案例介绍

**1. 林果散养模式。**江西新余森凤蛋鸡散养有限公司，位于江西新余市渝水区欧里镇皇华村阁山园艺场，2005 年引进北农大 3 号蛋鸡，实行果树套养蛋鸡的生态发展模式。该园散养的蛋鸡主要以果树下的虫草为食，所注册的“森凤”牌土鸡蛋已获得农业部绿色食品证书。该公司现有蛋鸡 1.6 万只，每天可产蛋 6 000 余枚。

**2. 合作社模式。**德安丰林农民蛋鸡专业合作社成立于 2007 年 6 月，是德安县最大的一个合作社，目前，合作社职工 9 人。该合作社的运作模式为：统一饲料、统一防疫、统一销售、统一供苗、统一品牌。通过专业合作社，有效地降低了生产成本，提高了产品质量和经济效益，社员在盈余分配、股金分红、二次返利等方面直接增加了收入。2008 年丰林蛋鸡合作社成员共饲养蛋鸡 120 万只，年产鲜蛋 1.8 万吨，给社员返还利润 118 万多元，户均增收 5 400 多元，最多的一户返利 2 万多元。

**3. 龙头企业模式。**江西穗昌禽业科技有限公司成立于 1996

年，坐落在江西省贵溪市泗沥集镇开发区，占地 134 亩，厂房建筑面积近 12 000 平方米，拥有存栏蛋鸡 30 万只，育雏、育成、产蛋全部采用机械化先进工艺饲养，现为江西省工艺流程最合理、机械化程度最高的专业性商品蛋鸡养殖基地。经过多年的努力，该公司建立“周期股份制”，即在一个蛋鸡养殖周期时间段内，公司将技术、设备、厂房等和农户的流动资金、劳动力等按照比例入股，进行集中养殖、统一管理。

## （二）主要做法比较

| 养殖模式 | 主 要 做 法 |
| --- | --- |
| 林果散养 | （1）在果园选择场地搭起半敞开的简易鸡舍，用竹篱把果园四周围起来。鸡舍和运动场设旋转料槽和饮水器，白天放养，晚上入舍。（2）选择本地品种、抗病力强的蛋鸡为宜。（3）适当喂配合饲料，以利蛋鸡生长快，产蛋早，产蛋量多。（4）保持适当的饲养密度，每亩果林园每批散养蛋鸡 800～1 000 只为宜。（5）虽然疫病较少，但仍要注意搞好防疫。（6）谨防蛋鸡农药中毒。（7）注意果林防火及其他事故。 |
| 合作社 | （1）养鸡户自愿参加，入社时缴纳股金。有专职或兼职人员从事饲料加工、种鸡孵化、购销、信息和技术服务。（2）实行“一分五统”：即分户饲养，统一饲料、统一防疫、统一销售、统一供苗、统一品牌。（3）社员资金短缺时，合作社为其提供担保向银行申请小额贷款。 |
| 龙头企业 | （1）公司建立“周期股份制”，即在一个蛋鸡养殖周期内，公司将技术、设备、厂房等和农户的流动资金、劳动力等按照比例入股，进行集中养殖、统一管理。（2）实施品牌战略，坚持用品牌效应推动蛋鸡标准化养殖，对蛋鸡生产资源进行有效整合，组织指导龙头养殖企业大力创建蛋鸡品牌，努力提高鸡蛋产品的市场知名度和占有率。 |

## （三）主要特征比较

| 模　式 | 主　要　特　征 |
| --- | --- |
| 林果散养 | （1）生产单元为果农，兼养蛋鸡，养殖目的是实现果禽经济的“双赢”；（2）技术来源于自身的长期摸索积累；（3）种养结合，蛋鸡主要以果林中的虫草为食；（4）果农是产品流通主体，产品通过果农销往本地和区域市场；（5）养殖规模远远低于环境承载量，实现了生态和经济的良性循环；（6）蛋鸡所在地远离村庄，空气清洁，环境好，疫病很少发生；（7）鸡蛋属土鸡蛋，营养成分全面，无污染。 |
| 合作社 | （1）生产单元为多个蛋鸡养殖户，养殖目的是获取收益，养殖收入是家庭主要来源；（2）各养殖户间技术差异性较大，处于不稳定状态；（3）投入物主要从合作社购入，内部循环为主；（4）户养规模较大，饲料转化率较高；（5）合作社是产品流通主体，产品主要是通过合作社销往本地和区域市场；（6）人禽基本分离，人居环境和蛋鸡养殖环境都较好；（7）疫病防控体系较健全，鸡蛋为常规鸡蛋，质量较安全。 |
| 龙头企业 | （1）生产单元为龙头企业，养殖目的是获取收益；（2）技术差异小，处于稳定状态；（3）以工业化方式开展蛋鸡饲养，技术进步速度快；（4）以商业性投入物为主，外部循环为主，依赖外部市场实现价值；（5）养殖规模大，饲料转化率高；（6）公司是产品流通主体，产品通过公司销往本地和区域市场；（7）人禽分离，克服了环境污染严重，基本解决了药残控制和疫情控制问题；（8）疫病防控体系健全，疫病发生率低，鸡蛋质量安全。 |

## （四）产业化水平比较

以经济开放度和规模化水平来衡量蛋鸡养殖的产业化水平。可以看出，在投入开放度方面，从高到低依次为龙头企业模式、合作社模式、林果散养模式；在产出开放度方面，鸡蛋销售相同，而在鸡粪方面，从高到低依次为龙头企业模式、合作社模式、林果散养模式。

| 养殖模式 | 投　　入 | 产　　出 |
| --- | --- | --- |
| 林果散养 | （1）劳动力来源于为农户家庭自身；（2）资金来源于农户自身积累；（3）土地为承包果林地；（4）饲料主要来源于果林中的虫草；（5）技术来源于农户自身的长期摸索积累。 | （1）产品主要销往本地和区域市场；（2）鸡粪直接作为果林的有机肥料。 |
| 合作社 | （1）劳动力主要来源于养殖主体家庭，忙时雇短工；（2）资金主要来源于养殖主体自身积累，资金短缺时通过合作社贷款；（3）场地主要是由自家房屋改造；（4）技术和饲料主要来源于合作社。 | （1）产品主要通过合作社销往本地和区域市场；（2）鸡粪主要销给鸡粪收购商，小部分作为种植业的肥料。 |
| 龙头企业 | （1）劳动力主要来源于农户股东和聘用的专业技术人员，从业人员具有较高的素质；（2）资金主要来源于广大闲散农户股金；（3）租用场地进行饲养；（4）技术来源于公司自身。 | （1）产品主要是通过公司销往本地和区域市场；（2）鸡粪主要销给鸡粪收购商。 |

规模化水平是衡量不同养殖模式的适度规模化均衡供给能力的指标。从表中可以看出，在规模化水平方面，龙头企业模式远远高于林果散养模式和合作社模式，而合作社模式又高于林果散养模式。

| 养殖模式 | 规模化水平 |
| --- | --- |
| 林果散养 | 养殖数量适度，远远低于养殖集中区域的环境承载量。 |
| 合作社 | 分户养殖，户均养殖规模 2 万～3 万之间，基本能够实现适度规模和均衡供给。 |
| 龙头企业 | 实行现代化、规模化集中统一养殖，规模大，能够实现适度规模和均衡供给。 |

### （五）养殖生产率比较

| 养殖模式 | 产蛋量 | 存活率 | 饲料消耗 | 利润 | 鸡蛋盈亏平衡价 |
|---|---|---|---|---|---|
| 林果散养 | 7.83 | 99%以上 | 29.10 | 47.87 | 6.68 |
| 合作社 | 16.0 | 90%以上 | 48.60 | 16.18 | 6.30 |
| 龙头企业 | 16.5 | 96%以上 | 43.50 | 14.32 | 6.25 |

### （六）养殖安全性比较

安全性是衡量不同养殖模式的产品质量安全程度以及养殖过程对环境影响程度的指标，主要包括产品安全和环境安全 2 个方面。

| 养殖模式 | 产品质量安全 | 环境安全 |
|---|---|---|
| 林果散养 | 属土鸡蛋，口感好，纯绿色、无污染，产品能达到绿色和有机标准。 | 对环境负面影响较小。 |
| 合作社 | 产品为常规鸡蛋。 | 对环境负面影响较小。 |
| 龙头企业 | 产品小部分为常规鸡蛋，大部分能够达到无公害标准。 | 养殖集中区域污染较为严重。 |

从表中可以看出，在产品质量安全方面，从高到低依次为林果散养模式、龙头企业模式、合作社模式；在环境安全水平方面，从高到低依次为果林散养模式、合作社模式、龙头企业模式。

### （七）蛋鸡福利比较

蛋鸡福利是指“蛋鸡与它的环境协调一致的精神完全健康的状态”，包括五个方面：①享受不受饥渴的自由；②享受生活舒适的自由；③享受不受疼痛、伤害和疾病的自由；④享受生活无恐惧和悲伤的自由；⑤享有表达天性的自由。从表中可以看出，从高到低依次为果林散养模式、龙头企业模式、合作社模式。

| 养殖模式 | 动物福利水平 |
| --- | --- |
| 林果散养 | 食物非常充足，饮用水清洁；栖息场所环境好，舒适度高；疫病发生频率很低；养殖密度很低，有自由的活动空间。 |
| 合作社 | 食物充足，饮用水清洁；栖息场所较小，舒适度较低；防疫体系较健全，疫病发生率低；蛋鸡基本不受恐惧和精神上的痛苦；养殖密度较大，活动空间较小。 |
| 龙头企业 | 食物充足，饮用水清洁；栖息场所环境较好，舒适度较高；防疫体系健全，疫病发生率较低；蛋鸡不受恐惧和精神上的痛苦；养殖密度适度，活动空间较为适宜。 |

## （八）推广条件比较

| 养殖模式 | 推　广　条　件 |
| --- | --- |
| 林果散养 | （1）要有好的经营场地。果林最好远离人口密集区，地势平坦，日照时间长，地面为砂壤土或壤土，过去未被传染病或寄生虫病病原体所污染。果树树龄以3～5年生为佳。（2）要有好的管理技术。在鸡舍设计上，既能御寒又能通风散热、挡风、不漏雨、不积水，既能保证蛋鸡生长发育、栖息所需的空间，又便于饲养员操作。 |
| 合作社 | （1）政府的大力驱动和支持。建立推动蛋鸡专业合作社发展的奖惩措施，从政策、资金、技术上给予扶持，加大宣传力度，让农民接受这一新鲜事物。（2）合作社有一个精明、能干、无私的带头人。懂得市场经济，有较好的信息渠道，能够协调各种关系，能真心为社员办实事。（3）合作社能给社员提供鸡雏、药品、饲料、附料等物资和技术、信息、生产管理、鸡病防治等服务，以及为社员推销鲜蛋及合理淘汰老鸡。 |

（续）

| 养殖模式 | 推 广 条 件 |
| --- | --- |
| 龙头企业 | （1）龙头企业必须有一个成功的创办者。必须具备超前的市场经济观念、吃苦耐劳的品格、卓越的胆识、在逆境中有不屈不挠的意志等素质。（2）营造良好的市场环境。包括政府在基础设施建设、财税、工商等方面尽可能地创造便利条件，为龙头企业蛋鸡养殖发展营造公开、公平竞争的市场环境和法律环境。 |

## 三、江西省蛋鸡产业链利益分配研究

### （一）不同模式蛋鸡养殖收益分析

**1. 蛋鸡养殖成本。**

（1）鸡苗。林果散养模式的鸡苗由本地繁育和孵化，每只“林土黑”鸡苗销售价格 3.5 元；合作社模式的鸡苗由合作社的孵化场供应，每只罗曼鸡苗的价格 2.4 元（供应合作社成员）；龙头企业模式的鸡苗由北京裕口、上海新杨等孵化场供应，每只“农大 3 号”鸡苗的销售价格 2.5 元。

（2）饲料。林果散养的本地“林土黑”等蛋鸡品种，白天主要以果园里的虫草为食，晚上回鸡舍才补充一些添加中草药的自配饲料（核心料），每只蛋鸡的饲料成本 81.48 元；合作社模式，生长期平均每只罗曼蛋鸡消耗饲料约 0.06 千克/天，产蛋期平均约 0.11 千克/天，生长期和产蛋期共消耗饲料约 48.60 千克，合作社成员饲料供应价格为 2.12 元/千克，每只蛋鸡饲料成本为 108.38 元；龙头企业模式，生长期平均每只农大 3 号蛋鸡消耗饲料约 0.05 千克/天，产蛋期平均约 0.10 千克/天，生长期和产蛋期共消耗饲料约 43.50 千克，饲料由本企业生产加工，生产成本为 2.6 元/千克，每只蛋鸡饲料成本为 113.10 元。

**表 4　不同蛋鸡养殖模式成本与收益**

| 序号 | 项目 | 单位 | 散养模式 | 合作社 | 龙头企业 |
|---|---|---|---|---|---|
| 1 | 成本 | 元 | 96.13 | 118.78 | 123.30 |
| 1.1 | 鸡苗成本 | 元 | 3.50 | 2.40 | 2.50 |
| 1.2 | 饲料开支 | 元 | 81.48 | 108.38 | 113.10 |
| 1.3 | 人工开支 | 元 | 4.20 | 3.50 | 3.00 |
| 1.4 | 防疫费用 | 元 | 1.50 | 3.00 | 2.00 |
| 1.5 | 水电开支 | 元 | 1.45 | 1.00 | 1.50 |
| 1.6 | 设备折旧 | 元 | 4.00 | 0.50 | 1.20 |
| 2 | 收入 | 元 | 144.00 | 134.96 | 137.62 |
| 2.1 | 鸡蛋 | 元 | 108.00 | 116.96 | 120.62 |
| 2.2 | 鸡粪 | 元 | | 2 | 3 |
| 2.3 | 淘汰鸡 | 元 | 36 | 16 | 14 |
| 2.4 | 其他 | 元 | | | |
| 3 | 利润 | 元 | 47.87 | 16.18 | 14.32 |
| 4 | 盈亏平衡价 | 元/千克 | 6.68 | 6.30 | 6.25 |

(3) 人工。林果散养模式每只蛋鸡人工成本 4.2 元；合作社模式每只蛋鸡人工成本 3.5 元；龙头企业模式每只蛋鸡人工成本 3.0 元。

(4) 防疫费。在没有大的疫情发生的情况下，林果散养模式每只蛋鸡防疫费用 1.5 元；合作社模式每只蛋鸡防疫费用 3.0 元；龙头企业模式每只蛋鸡人工成本 2.0 元。

(5) 水电开支。通常情况下，林果散养模式每只蛋鸡水电费用 1.45 元；合作社模式每只蛋鸡水电费用 1.00 元；龙头企业模式每只蛋鸡水电费用 1.50 元。

(6) 设备折旧。林果散养模式每只蛋鸡设备折旧 4.00 元；合作社模式每只蛋鸡设备折旧 0.50 元；龙头企业模式每只蛋鸡设备折旧 1.20 元。

从以上分析可以看出，不同蛋鸡养殖模式其养殖成本差异很大，其中林果散养模式每只蛋鸡养殖总成本为 96.13 元，合作社模式为 118.78 元，龙头企业模式为 123.30 元。

**2. 蛋鸡养殖收益。**

（1）鸡蛋收入。林果散养模式在一个养殖周期内（22 个月），平均每只“林土黑”产蛋 7.83 千克，每千克土鸡蛋售出价 13.80 元，鸡蛋收入 108 元；合作社模式在一个养殖周期内（17 个月），平均每只罗曼鸡产蛋 16.0 千克，每千克鸡蛋售出价 7.31 元，鸡蛋收入 116.96 元；龙头企业模式在一个养殖周期内（17 个月），平均每只“农大 3 号”蛋鸡产蛋 16.5 千克，每千克鸡蛋售出价 7.31 元，鸡蛋收入 120.62 元。

（2）淘汰鸡收入。林果散养蛋鸡是本地的土鸡品种，淘汰鸡市场批发价格每只 36 元左右，而合作社模式和龙头企业模式淘汰鸡的市场批发价分别只有 16 元/只和 14 元/只。

（3）鸡粪收入。根据调查，合作社模式和龙头企业模式平均每只蛋鸡的鸡粪收入分别为 2 元和 3 元。林果散养模式没有进行鸡粪收集，所以不计算鸡粪收入。

根据以上分析，林果散养模式、合作社模式、龙头企业模式的每只蛋鸡的养殖收入分别为 144.00 元、134.96 元和 137.62 元；每只蛋鸡的养殖收益分别为 47.87 元、16.18 元和 14.32 元；蛋鸡盈亏平衡价格分别为 6.68 元/千克、6.30 元/千克和 6.25 元/千克。

### （二）不同模式蛋鸡产业链利益分配

**1. 饲料生产在蛋鸡产业链中的利润分配。**根据调查，三种典型案例的蛋鸡饲料均由养殖者自己生产加工。在一个林果散养模式养殖周期（22 个月）内，一只蛋鸡的饲料消耗为 29.10 千克，饲料生产成本为 2.22 元/千克，饲料差价 0.58 元/千克，饲料生产利润为 16.88 元，是蛋鸡养殖利润的 35.26%；在一个合作社模式养殖周期（17 个月）内，一只蛋鸡的饲料消耗为 48.60 千克，饲料生产成本为 2.12 元/千克，饲料差价 0.11 元/千克，饲料生产利润为 5.35 元，是蛋鸡养殖利润的 33.04%；在一个龙头企业模式养殖周期（17 个月）内，一只蛋鸡的饲料消耗为 43.50 千克，饲料生产成本为 2.17 元/千克，饲料差价 0.43 元/千克，饲料生产利润为 18.71 元，是蛋鸡养殖利润的 135.67%。

**2. 鸡蛋批发在蛋鸡产业链中的利润分配。**调查中发现，林果散养模式中的阁山园艺场有专业的市场销售人员把生产的土鸡蛋送到南昌、厦门等地批发市场；德安丰林农民蛋鸡专业合作社主要是在网站上发布鸡蛋销售信息，由收购商送到批发市场；江西穗昌禽业科技有限公司也是由公司专门销售人员送到批发市场。在一个林果散养模式养殖周期（22 个月）内，一只蛋鸡的产蛋为 7.83 千克，每千克鸡蛋批发差价 1.61 元/千克，鸡蛋批发利润为 12.60 元，是蛋鸡养殖利润的 26.32%；在一个合作社模式养殖周期（17 个月）内，一只蛋鸡的产蛋为 16.0 千克，每千克鸡蛋批发差价 0.34 元/千克，鸡蛋批发利润为 5.44 元，是蛋鸡养殖利润的 33.62%；在一个龙头企业模式养殖周期（17 个月）内，一只蛋鸡的产蛋为 16.5 千克，每千克鸡蛋批发差价 0.34 元/千克，鸡蛋批发利润为 5.61 元，是蛋鸡养殖利润的 39.19%。

**3. 鸡蛋零售在蛋鸡产业链中的利润分配。**鸡蛋零售是鸡蛋流通渠道的重要环节。在一个林果散养模式养殖周期（22 个月）内，一只蛋鸡的产蛋为 7.83 千克，鸡蛋零售差价 2.99 元/千克，鸡蛋零售利润为 23.40 元，是蛋鸡养殖利润的 48.88%；在一个合作社模式养殖周期（17 个月）内，一只蛋鸡的产蛋为 16.0 千克，鸡蛋零售差价 0.51 元/千克，鸡蛋零售利润为 8.61 元，是蛋鸡养殖利润的 50.43%；在一个龙头企业模式养殖周期（17 个月）内，一只蛋鸡的产蛋为 16.5 千克，鸡蛋零售差价 0.51 元/千克，鸡蛋零售利润为 8.42 元，是蛋鸡养殖利润的 39.19%。

**表 5　蛋鸡产业链利益分配**

| 环节 | 类别 | 单位 | 散养模式 | 合作社 | 龙头企业 |
|---|---|---|---|---|---|
| 饲料 | 数量 | 千克/羽 | 29.10 | 48.60 | 43.50 |
| | 差价 | 元/千克 | 0.58 | 0.11 | 0.43 |
| | 收益 | 元/羽 | 16.88 | 5.35 | 18.71 |
| | 比率 | % | 35.26 | 33.04 | 130.67 |
| 批发 | 数量 | 千克/羽 | 7.83 | 16.00 | 16.50 |
| | 差价 | 元/千克 | 1.61 | 0.34 | 0.34 |
| | 收益 | 元/羽 | 12.60 | 5.44 | 5.61 |
| | 比率 | % | 26.32 | 33.62 | 39.19 |
| 零售 | 数量 | 千克/羽 | 7.83 | 16.00 | 16.50 |
| | 差价 | 元/千克 | 2.99 | 0.51 | 0.51 |
| | 收益 | 元/羽 | 23.40 | 8.16 | 8.42 |
| | 比率 | % | 48.88 | 50.43 | 58.78 |

从以上分析看出，不同蛋鸡养殖模式，产业链中的利润分配不一样。林果散养模式中，蛋鸡养殖的利润最高，其次为零售环节，再次是饲料环节，最后是批发环节；合作社模式中，也是蛋鸡养殖的利润最高，其次为零售环节，再次是批发环节，最后是饲料环节；龙头企业模式中，饲料生产利润最高，其次是蛋鸡养殖，再次是零售环节，最后是批发环节。总之，相关行业从养鸡生产中获得了一定的利润，并得到生存。同时，这些环节的存在和运行，又促进了养鸡业的发展，它们之间既相辅相成，又相互促进。蛋鸡养殖是相关行业生存的基础，只有养鸡业发展了，相关行业和各个环节才能更加兴旺。

## 四、整合蛋鸡产业链的政策建议

### （一）搞好蛋鸡产业规划

坚持“市场导向、科学规划、分散养殖、适度规模、合理布局”的思路和“高起点、严把关、慎运作”的原则，组织专家编制全省蛋鸡产业发展总体规划，支持和帮助蛋鸡养殖户（企业）开展蛋鸡养殖，做到鸡场选址、布局合理，远离生活区，防止疫病交叉感染。

### （二）培植壮大蛋鸡龙头

发挥蛋鸡龙头企业“外连市场，内带基地”的作用，培育发展外向型、基地型、带动型龙头企业集群，大力发展精深加工，推进产加销一体化经营，不断提高蛋鸡产业市场竞争能力。鼓励蛋鸡加工、饲料、兽药等企业，通过股份合作、兼并重组、联合经营等资本运作方式，促其迅速扩张生产经营规模，成为国内外知名品牌和大型企业集团，并与农户建立相应的利益联结机制，增强辐射带动能力，推进农业产业化经营。

### （三）推行健康标准养殖

坚持以“种养结合、生态循环”为取向，全面推广良种、喂养优质标准饲料、程序化免疫，提高蛋鸡生活质量，扩大蛋鸡产蛋率；加大循环经济发展力度，充分发挥蛋鸡专业合作社的主渠道作用，积极开展种鸡养殖鸡粪处理与饲料加工项目，拉长蛋鸡生态养殖产业链；坚持发展现代蛋鸡产业与建设文明新村相结合，坚持产业发展与节能减排相结合，生态养殖与绿色种植相结合，实现蛋鸡产业的可持续发展。

### （四）完善良种繁育体系

重点加强地方鸡品种资源保护，加快广丰白耳鸡、东乡绿壳蛋鸡、宁都三黄鸡、万载康乐鸡、崇仁麻鸡、泰和乌骨鸡、余干黑鸡等名优地方鸡新品种培育工作。努力推进畜禽良种工程建设，建立原种场、扩繁场、商品场相互配套的三级良种繁育体系。

## （五）加强物流体系建设

充分利用小蓝禽蛋批发市场的基础设施，努力将其办成政府、蛋鸡养殖户、供应商、各级客户的信息中心，逐步成为蛋鸡产业的大联盟；建立蛋鸡生产信息统计、行情分析和预警平台，切实加强对蛋鸡产业存养情况、价格情况、疫病情况等基础信息的统计、预测、预报、预警制度的建设，对产业链前后生产和加工单位信息进行实时动态的监控；鼓励饲料、兽药企业为养殖基地和养殖专业合作社提供产品直供服务，降低养殖成本；大力发展蛋鸡第三方物流（3PL），积极引导龙头企业、蛋鸡专业合作社、农民经纪人和各类营销组织参与鸡蛋产品流通和市场开拓。

## （六）构建多元融资平台

按照政府扶持、多方参与、市场运作的要求，采取政府出资引导，吸引工商资本和其他民间资本注入的方式，探索建立蛋鸡产业投资公司和信用担保公司，为加快发展现代蛋鸡产业提供有力的投融资平台。坚持互利合作，建立担保公司与金融机构风险共担的合作机制。探索建立担保风险防范机制，包括财政给予贷款担保风险补贴、担保责任余额最高控制、大额担保风险保证入股金、被担保人提供反担保保证、建立风险准备金等制度。积极发展“政府＋公司＋专业合作社”多方投入的信用担保公司，鼓励发展会员制担保公司，扩大融资平台和服务范围，把标准化规模养殖户纳入信贷担保范围。通过专业合作社建立会员农户信用档案，加强会员信用考核评估管理，并与金融机构和种畜禽场、饲料企业对接，扩大信贷、赊销额度。

## 主要参考文献

郑晓静．主要畜禽产品价格形成机制与产业链各环节利益分配格局调查报告．山西农业．2008（6）：25－26

崔淘气，刘分红，张建设，刘国英．蛋鸡产业链中相关环节的利益分割状况．中国禽业导刊．2008（11）：24

胡新旭．生猪养殖产业链相关行业利润分配分析．饲料广角．2007（13）：25－28

曾益，吴莲霞．完善蛋鸡养殖产业链，促进农业产业化发展——以湖北省京山县为例．市场论坛．2008（6）：28－30

王明利．转型中的中国畜牧业发展研究．北京：中国农业出版社，154－161

# 我国蛋鸡养殖户的合理养殖规模估计

## ——基于盈亏平衡法的实证分析

朱宁　马骥

（中国农业大学经济管理学院，北京海淀 100083）

## 一、研究背景

我国蛋鸡产业的发展日新月异，其中蛋鸡产业的生产环节也发生了革命性的变化，从散养到笼养再到现在正在兴起的全自动化、机械化的蛋鸡饲养模式，蛋鸡饲养技术取得了长足的进步。蛋鸡养殖的发展为我国繁荣农村经济、增加农民收入和满足居民食物营养需求做出了积极贡献，但随着鸡蛋价格的波动，蛋鸡养殖户的收益得不到切实的保障，养殖风险加剧，各地养殖规模都出现一定程度的下降，鸡蛋的产量也出现了一定程度的波动。

我国自 2008 年 7 月份以来鸡蛋价格出现波动性上涨，在 2008 年的 9 月份，全国鸡蛋价格达 8.47 元/千克。在最近的一个季度养殖户得到了一定的收益。随着一系列节日的到来，势必会造成鸡蛋市场需求的增加，根据需求理论鸡蛋价格由于节日效应的影响还会有一定的上涨空间。最近的价格的上涨究其主要原因中有一个主要的原因是鸡蛋的供给略有下降，供应紧张，市场需求增加，拉动了价格的上涨。这是因为从 2007 年下半年开始鸡蛋价格的持续的低迷，使蛋鸡养殖户的信心受到打击，蛋鸡养殖规模下降。但其中还是一些较大规模的蛋鸡养殖户获得了利润，本文试想蛋鸡养殖收益是否和养殖规模大小有关？养殖规模大小是否决定了蛋鸡的赢利和亏损？蛋鸡养殖是否有一个合理的规模区间？

## 二、经济理论

应用农业经济学中的农业生产决策方法，选取了其中的盈亏平衡分析法作为本文的理论基础。农业生产政策的方法有很多种，其中盈亏平衡法对生产决策的说明和理解是非常好的。盈亏平衡法主要是应用了收益理论和成本理论。

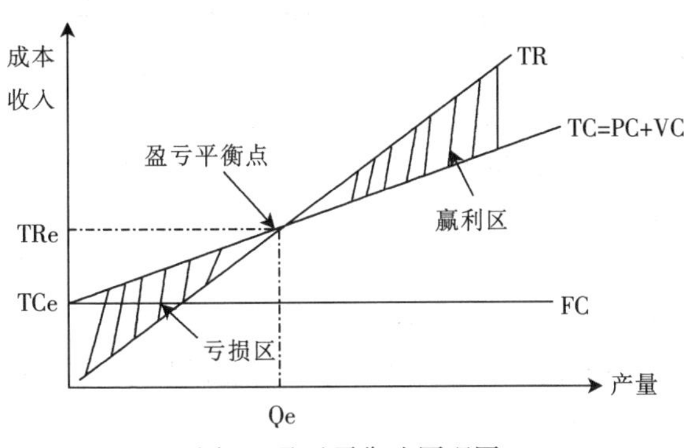


图 1　盈亏平衡法原理图

Q：产量；FC：固定成本；VC：变动成本；P：市场价格；R：为利润；Qe：盈亏平衡点

$$Qe \times P = FC + Qe \times VC \quad ①$$

$$Qe = FC / (P - VC) \quad ②$$

$$Qr \times P = FC + Qr \times VC + R \quad ③$$

$$Qr = (FC + R) / (P - VC) \quad ④$$

盈亏平衡分析法又称保本点分析或本量利分析法，是根据产品的业务量（产量或销量）、成本、利润之间的相互制约关系的综合分析，用来预测利润，控制成本，判断经营状况的一种数学分析方法。一般说来，收入（Qr×P）＝成本（FC＋VC）＋利润，如果利润为零，则有收入＝成本＝固定成本＋变动成本，而收入＝销售量×价格，变动成本＝单位变动成本×销售量，这样由③式，可以推导出盈亏平衡点的计算公式为：

盈亏平衡点（销售量）＝固定成本/每计量单位的贡献差数

本报告应用生产决策中的盈亏平衡分析方法，对蛋鸡养殖户的规模进行估计。依据该理论的方法，得出了以上四个式子，从图中可以看出，结合微观经济学的相关理论，在短期内总成本TC是由不变成本FC和可变成本VC组成，理论上它是一个随产量而增长的曲线（如图1）。总利润是总收益减去总成本，总收益是由式③计算得出，总收益曲线是一条随产量变化的曲线。也就是说总收益和总成本曲线会相交，这个点就是盈亏平衡点，当小于盈亏平衡点时就要视总收益曲线和总成本曲线的位置判定适宜的能获得收益的规模或产量。根据经济学理论，总收益曲线是一条曲线，可以判定该问题是非线性盈亏平衡分析，根据经济学理论可以应用求利润最大化的方法对最适宜的生产规模进行界定，以期得出最优的结果。

本文将应用计量经济学模型对数据进行收益和成本估计，然后根据以上论述的方法对我国蛋鸡养殖户在养殖过程中的盈亏平衡进行分析，并对现阶段我国蛋鸡养殖适宜规模的选择做出判定。

## 三、数据来源及其基本情况分析

本文所用的数据（如表1）来自于作者在2009年7～8月份对河北省辛集市、定兴县和四川省绵阳市、乐山市的商品蛋鸡产业发展情况所做的115份进行了严格抽样的调查问卷。选取这两个省份的主要原因是两省的养殖规模排在全国前六位，以及两省既可以体现南北的差异，也可以体现不同规模的差异。调查采用问卷访问形式进行，经过对问卷质量的审核，最终有效样本容量为 115 个，其中河北省 57 份，四川省 58 份。调查数据和访谈情况构成本研究的主要依据。

**表 1　数据抽样情况**

| 年存栏数（只） | 河北省 | | | 四川省 | | | 总和 |
|---|---|---|---|---|---|---|---|
| | 辛集市 | 定兴县 | 总和 | 绵阳市 | 乐山市 | 总和 | |
| 0～1 999 | 9 | 2 | 11 | 1 | 0 | 1 | 12 |
| 2 000～4 999 | 11 | 19 | 30 | 11 | 0 | 11 | 41 |
| 5 000～9 999 | 1 | 5 | 6 | 9 | 2 | 11 | 17 |
| 10 000 以上 | 5 | 5 | 10 | 12 | 23 | 35 | 45 |
| 各地总和 | 26 | 31 | 57 | 33 | 25 | 58 | 115 |

从表 1 可以看出，总体上中规模的蛋鸡养殖户（2 000～9 999 只）占到了整个样本的 50.43%，大规模和小规模的蛋鸡养殖户也占到了整个样本的 50%左右，样本的容量包含了各种蛋鸡的养殖规模，具有很好的代表性。四川省乐山市的蛋鸡养殖主要是以大规模的蛋鸡养殖户为主，达到了 23 个，说明乐山市的蛋鸡养殖已经发展到了一个相对成熟的阶段。河北省蛋鸡养殖规模户则比较平均，其中 2 000～4 999 只的蛋鸡养殖户成为当地的养殖主体。

在调研过程中发现，蛋鸡养殖的成本主要是饲料的投入，其次就是鸡苗的投入，这两个因素对蛋鸡养殖户的养殖信心有很大的影响。蛋鸡的成本主要是饲料的投入，这在今年鸡蛋价格的上涨做了很好的验证。主要原因就是作为饲料的主要投入品玉米和大豆，玉米作为饲料占了 60%，大豆占了 20%左右。而 2009 年玉米主产区自然灾害严重使玉米大幅度减产，导致玉米销售价格从 1 425 元/吨上涨到 1 900 元/吨左右，涨幅达 25%，豆粕价格也在上涨，饲料整体价格上涨，养殖成本增加，鸡蛋价格自然水涨船高。这也很大的程度上导致了 2009 年 7 月到 10 月的鸡蛋价格的上涨。

**表 2　不同地区蛋鸡养殖户的成本收益比较**

单位：元/只

| 类别＼地区 | 河北省 | | | 四川省 | | |
|---|---|---|---|---|---|---|
| | 辛集市 | 定兴县 | 平均 | 绵阳市 | 乐山市 | 平均 |
| 总成本 | 123.68 | 121.46 | 122.48 | 128.21 | 131.38 | 129.58 |
| 总收益 | 135.70 | 137.97 | 136.94 | 130.92 | 120.94 | 126.62 |
| 净收益 | 12.02 | 16.51 | 14.46 | 2.71 | −10.44 | −2.96 |
| 成本收益率（%） | 9.72 | 13.59 | 11.81 | 2.11 | −7.95 | −2.28 |

相比来说，蛋鸡养殖的收入主要是鸡蛋和淘汰鸡的出售，而鸡蛋的收入占据了蛋鸡收益的 90%左右，鸡蛋的价格就成为最主要的影响收入的因素，鸡蛋价格受到鸡蛋的需求、供给、饲料价格和节日效应等影响。河北省蛋鸡养殖平均成本比四川省低 7.10 元，而河北省蛋鸡养殖平均收益比四川省高 10.32 元。很明显看出河北省蛋鸡养殖户的收益比四川省的蛋鸡养殖户的收益高，四川省乐山市的蛋鸡养殖户甚至是亏本经营，乐山市蛋鸡养殖户的收益是−10.44 元/只，和河北省相比有很大的差距。不仅从净收益上有差异，从成本收益率上也可以明显地看出河北省的平均成本收益率高出了 14.09%，乐山市的成本收益率出现了负值，这也导致了四川省的成本收益率是−2.28%。综上所述，

**表 3　不同经营规模的成本收益的比较**

单位：元/只

| 类别＼省份 | 河　北　省 | | | | 四　川　省 | | | |
|---|---|---|---|---|---|---|---|---|
| 年存栏量（只） | 0～1 999 | 2 000～4 999 | 5 000～9 999 | 10 000以上 | 0～1 999 | 2 000～4 999 | 5 000～9 999 | 10 000以上 |
| 总成本 | 119.04 | 121.70 | 121.96 | 123.99 | 124.67 | 121.54 | 132.91 | 131.19 |
| 总收益 | 143.37 | 136.31 | 138.58 | 131.57 | 118.46 | 138.37 | 129.04 | 122.39 |
| 净收益 | 24.33 | 14.61 | 16.62 | 7.58 | −6.21 | 16.83 | −3.86 | −8.8 |
| 成本收益率（%） | 20.44 | 12.00 | 13.63 | 6.11 | −4.98 | 13.85 | −2.90 | −6.71 |

数据表现出了各种收益情况，对本文的研究很有意义，具有很强的代表性。

根据作者调研的数据显示，可以断定两个省都存在规模效应。单看2 000～4 999只的蛋鸡养殖规模的收益来看，在两个省的收益都是正值。河北10 000只规模的收益是7.58元/只，而四川的10 000只以上规模的收益是－8.8元/只，两省出现了明显的差异。从雇工费上看，规模在5 000只以上的蛋鸡养殖户一般就会雇佣当地的农民，相对于他们在规模上的收益来说，雇工费对净收益的影响不大。蛋鸡养殖户养殖规模在2 000～4 999只的成本收益率都是正值，而且都达到了12%以上。可见，不同经营规模的蛋鸡养殖户的成本收益有很大的差别，那么，多大的规模是现阶段蛋鸡养殖合适的规模？这也是本文需要探讨的问题。

## 四、我国蛋鸡养殖盈亏平衡分析

经过对经济理论的论述和对数据的基本情况的分析，可以大体的了解河北省和四川省的蛋鸡养殖情况，我们根据以上方法和数据从成本线性模型、收益线性模型和成本收益模型联合等三个部分进行对我国蛋鸡养殖的盈亏平衡问题进行详细的阐述。

第一步：本文先对蛋鸡养殖成本进行计量模拟，根据对理论的分析以及对数据的散点图拟合，这里的成本函数表达式选择的是多元二次线性模型进行对蛋鸡养殖成本的计量模型模拟。该模型形式如下：

$$TC=\beta_0+\beta_1 Q+\beta_2 Q^2+\beta_3 Em+\beta_4 M+\beta_5 A+\beta_6 Edu+\mu_i \quad ①$$

其中Q是蛋鸡养殖总规模；TC是蛋鸡养殖总成本（总成本是按照一个周期计算的，其中包括直接成本和间接成本，直接成本包括饲料、鸡苗价、医疗费用等，间接费用主要是固定资产的折旧）；Em是2009年家庭打工收入；M是蛋鸡养殖过程中的男劳动力数量；A 是蛋鸡养殖户的平均年龄；Edu 蛋鸡养殖户的平均受教育年限。

应用 SPSS11.5 进行软件分析得出：

$$TC=127.041+0.000\,528\,9Q-0.000\,000\,004\,65Q^2+0.001\,918Em-5.646M+0.130A-0.770Edu \quad ②$$

t值 29.411　8.180　-5.544　3.787　-4.981　1.711　-3.491

模拟出的模型的截距项的 t 值是 29.411，变量 Q 的 t 值是 8.180，变量 $Q^2$ 的 t 值是－5.544，这几个变量都通过了检验。因为截面数据会出现明显的异方差，所以应用 abs 方法对异方差进行修正，然后应用 WLS 估计法对模型进行了模拟。调整后的 $R^2$ 是 0.497，F 值是 19.623，D－W 值是 1.613，表明模型没有明显的序列相关。

从模型结果中可以明显地看出，养殖规模的原值 Q 对 TC 的影响是正向的，当蛋鸡养殖规模增加 1 单位，TC 增加了 0.000 528 9 个单位的成本。蛋鸡养殖规模的增长导致成本的增长，这也和现实相符合。可以判定规模的增加会导致蛋鸡养殖成本的增加。

从式②可以看出 $Q^2$ 对 TC 影响是负向的，这是因为理论上的假设就是 TC 的曲线就是一条二次曲线，而且是向下弯曲的曲线。这也和现实的现状一致，随着蛋鸡规模的增加，总成本曲线势必会出现一个规模效应，出现一个下降的趋势，所以 $Q^2$ 对 TC 影响是负向的是合情合理的。蛋鸡的规模比较大，虽然 Q 和 $Q^2$ 的系数比较小，但是 Q 和 $Q^2$ 的绝对数比较大，导致对 TC 的影响从绝对数上是最大的。

Em 所代表的 2009 年家庭打工收入对蛋鸡养殖成本上的影响是正向的，这说明蛋鸡养殖户的家庭打工收入会作为收入中的一部分投入到蛋鸡养殖中，以维持蛋鸡的养殖，当家庭打工收入增加 100 元时，蛋鸡的投入就可以增加 2 元，面对现在鸡蛋市场不稳定，打工收入成为维持蛋鸡饲养规模的一个主要的投入来源。

M 所代表的蛋鸡养殖过程中的男劳动力数量的增加会减少蛋

鸡养殖的成本，从模型中可以明显看出男劳动力增加 1 个单位时，成本就会减少 5.646 个单位。这也是和实际的养殖过程中的成本的变化相一致，当劳动力增加时，不仅仅是体力劳动的增加，也有技术方面的支持，使蛋鸡养殖成本减少。

年龄对蛋鸡成本的影响呈现出正相关的关系，随着年龄的增加 1 岁，就会导致 TC 增加 0.130 个单位，这也从一定程度上表明蛋鸡养殖技术等一些先进的技术和产品年轻人更容易接受和掌握。

从式②可以看出 Edu 对 TC 的影响是反向的，说明受教育年限越高，蛋鸡养殖成本就越低，这和上面分析的年龄差不多，受教育的年限越长，知识越多，眼界越开阔，接受新技术、新产品的能力就越高，所以受教育年限越高，蛋鸡养殖成本越低。

综上，蛋鸡养殖过程中的成本主要还是因为蛋鸡养殖规模的增加而随之增加，当增加到一定的规模时就会出现一个成本下降的趋势，但并不明显。蛋鸡养殖的成本投入来源有很大一部分来自家庭打工的收入，蛋鸡养殖劳动力的性别、年龄和受教育年限都会影响到蛋鸡养殖的成本。

第二步：对 TR 进行模型分析，根据对理论的分析以及对数据的散点图拟合，这里的总收益函数表达式选择的是一个一元线性模型进行对蛋鸡养殖收益的计量模型模拟。该模型形式如下：

$$TR=\beta_0+\beta_1 Q+\mu_i \quad ③$$

其中 Q 是蛋鸡养殖总规模；TR 是蛋鸡养殖总收益，总收益也是按照一个完整周期计算的，其中包括主产品鸡蛋的收益和副产品淘汰鸡的收益，也包括鸡粪的收益。

应用 SPSS11.5 进行软件分析得出：

$$TR=134.695-0.000\,216\,2Q \quad ④$$

t 值　145.735　　−3.044

分析出结果是 TR 的 t 值是 134.695，变量 Q 的 t 值是 −3.044，这几个变量都通过了检验。截面数据会出现明显的异方差，所以应用 abs 方法对异方差进行修正，然后应用 WLS 估计法对模型进行了模拟。调整后的 $R^2$ 是 0.068（因为是截面数据，Adjust - $R^2$ 比较小）。F 值是 9.265，表明模型是显著的。

养殖规模的原值 Q 对 TR 的影响是反向的，当蛋鸡养殖规模增加 1 单位，TR 减少了 0.000 216 2 个单位的收益。这种情况的出现很明显的说明现阶段蛋鸡养殖中因为饲料等成本的增加以及最重要的鸡蛋价格的持续性的处于波动状态，导致蛋鸡养殖规模越多，成本越大，单位蛋鸡的鸡蛋产量和小规模的单位蛋鸡的鸡蛋产量就会少，导致蛋鸡养殖 TR 就会随着蛋鸡养殖规模的增加而下降。这也和模型估计结果向吻合。

综上所述，蛋鸡收益主要受到蛋鸡养殖规模的影响，并呈现出一种反向的线性关系。同时，根据对其他相关线性模型的模拟得出：蛋鸡养殖劳动力的性别、年龄和受教育年限都会不同程度的影响到蛋鸡养殖的收益。

第三步：利用②式和④式进行计算，当 TC 等于 TR 时，可以计算出盈亏平衡点。截取②式的前面的方程以及方程④式：

$$\left.\begin{array}{l} TC=\beta_0+\beta_1 Q+\beta_2 Q^2+\mu \\ TR=\beta_0+\beta_1 Q+\mu \end{array}\right\} \Leftrightarrow \left\{\begin{array}{l} TC=127.041+0.000\,528\,9Q-0.000\,000\,004\,65Q^2 \\ TR=134.695-0.000\,216\,2Q \end{array}\right.$$

经过联立方程组，求得一元二次方程为：

$$0.000\,000\,004\,65Q_i^2-0.000\,745\,1Q_i+7.654=0$$

求解上式可得：$Q_1\approx 11\,032$　　$Q_2\approx 149\,205$

$Q_1$（11 032）和 $Q_2$（149 205）是蛋鸡养殖的盈亏平衡点，从结果上看，$Q_2$（149 205）是蛋鸡养殖的右盈亏平衡点，是蛋鸡养殖规模的右下限，$Q_1$（11 032）是蛋鸡养殖的左盈亏平衡点，是蛋鸡养殖规模的左上限，当蛋鸡养殖在 $Q_1$（11 032）和 $Q_2$（149 205）之间的蛋鸡养殖规模是蛋鸡养殖户处于亏损的状态，根据得出的结论可以判定，现阶段最优蛋鸡养殖区间是 $0<Q<Q_1$（11 032）和 $Q_2$（149 205）$<Q$，这两个区间是现阶段蛋鸡养殖需要政策倾向的养殖规模区间。结合表 4 来看，根据我国中规模蛋鸡养殖和其他规模的蛋鸡养殖净收益和成本收益率比较，2008 年

的中规模蛋鸡养殖户的净收益比大规模多了 4.63 元/只，比小规模的多了 1.3 元/只，从成本收益率来看也比其他两种规模的大得多。所以我国现在最优化的蛋鸡养殖规模是中规模的蛋鸡养殖（4 000～11 000 只）。

**表 4　不同规模蛋鸡养殖户的净收益和成本收益率表**

单位：元/只

| 年份 | 小规模蛋鸡养殖户 | | 中规模蛋鸡养殖户 | | 大规模蛋鸡养殖户 | |
|---|---|---|---|---|---|---|
| | 净收益 | 成本收益率% | 净收益 | 成本收益率% | 净收益 | 成本收益率% |
| 2006 | 10.28 | 12.41 | 8.95 | 10.49 | 8.12 | 9.01 |
| 2007 | 15.25 | 15.58 | 15.87 | 16.16 | 13.96 | 13.23 |
| 2008 | 9.57 | 9.12 | 10.87 | 10.14 | 6.24 | 5.39 |

资料来源：2007 年、2008 年和 2009 年三年的《全国农产品成本收益年鉴》。

通过以上的计量模型分析得出，我国蛋鸡养殖的最优规模是中规模的蛋鸡养殖（4 000～11 000 只），这是我国蛋鸡养殖的最优区间，由于 $Q_2$（149 205）<Q 的养殖区间是现阶段我国蛋鸡养殖不能达到的养殖规模，所以不予以提倡，但是这也指明了我国蛋鸡养殖模式未来发展的方向是大中型的蛋鸡养殖场或养殖园区，但是蛋鸡养殖规模的扩大还需要一定的时间来实现。

## 五、研究结论

蛋鸡养殖在我国来看还是一个发展中的产业，蛋鸡养殖未来的发展的道路应该怎么走。这是一个需要现阶段思考的问题。根据本文上述讨论，得出以下的几点结论。

（1）蛋鸡养殖要适度养殖。就现阶段来讲，我国应提倡适度扩大养殖规模，特别是鼓励中等规模蛋鸡养殖（1 万只以上），引导规范养殖。虽然这个规模到现在为止我国还没能普遍达到，但是经过若干年的发展以后，我国的蛋鸡养殖规模将会越来越大，最终将实现大中型的蛋鸡养殖场或园区。

（2）对蛋鸡养殖者的进行技术培训。提高蛋鸡养殖者的素质，弥补农民受教育年限短的软肋，增强蛋鸡养殖的信心，提高养殖技术，应对蛋鸡养殖过程中的各种问题，以减少成本的支出。

（3）蛋鸡养殖户要根据成本和收益情况对养殖规模进行调整。蛋鸡的养殖规模受到鸡蛋的需求和供给等影响，鸡蛋市场是一个不完全信息的市场，蛋鸡养殖户很难能摸索到其规律，相对而言，蛋鸡养殖户需要根据市场变化调整养殖规模，做出市场进入或退出决策，以降低经营风险。

## 主要参考文献


王文锋．基于盈亏平衡分析的报纸发行经营的经济学思考［J］．新闻界，2007（3）：61－63

明黎．本量利分析法在银行盈亏平衡分析中的应用［J］．经济与管理研究，2006（2）：61－64

赵春平，马云，昝林森，宫艳．利用盈亏平衡分析法对奶牛场经济效益的分析［J］．畜牧兽医杂志，2008（6）：31－34

范玉生，王必勇．2008 年蛋鸡行情分析及 2009 年市场预测［J］．中国畜牧杂志，2009（2）：34－38

宁中华，王岩．我国蛋鸡产业现状和 2008 年热点透析及发展趋势［J］．中国畜牧杂志，2009（2）：30－33

胡日东，王志江．考虑需求函数的多产品盈亏平衡分析［J］．数量经济技术经济研究，2001（1）：82－84

邱润夏．盈亏平衡分析法在猪场经营决策中的应用［J］中国动物保健，2005（9）：49－50

胡军．盈亏平衡分析在供应链方案决策中的应用［J］．物流科技．2006（29）：70－73

# 鸡蛋价格波动规律及其影响因素分析*

朱宁[1]　马骥[1,2]　秦富[2]

（1. 中国农业大学经济管理学院，北京海淀 100083；
2. 中国农业科学院农业经济与发展研究所，北京海淀 100081）

自新中国成立以来，我国鸡蛋产量不断攀升，1985 年已成为世界最大的鸡蛋生产国。2008 年我国鸡蛋总产量达到 2 296.87 万吨（约占全球 40%），分别是 1949、1978 年鸡蛋总产量的 84.65 倍和 8.70 倍。但是，伴随着鸡蛋产量的提高，从 2007 年下半年以来，我国鸡蛋价格出现了大幅度的波动，引起了政府、消费者、养殖者和生产企业的高度关注。本报告试图通过对 2001 年 1 月到 2007 年 12 月我国月度鸡蛋价格的变动分析，探索鸡蛋价格变动的规律性，并提出应对未来鸡蛋价格波动的建议。

## 一、中国鸡蛋价格波动的规律分析

### （一）鸡蛋价格长期趋势特征

在 2001 年 1 月到 2007 年 12 月期间，我国鸡蛋价格总体上呈上升趋势（见图 1）。在 2002 年 1 月以前，鸡蛋价格波动比较小，价格相对比较稳定。2002 年 1 月以后，鸡蛋价格开始处于

* 本报告得到“国家蛋鸡产业技术体系建设专项经费”资助。本报告已投稿到《天津商业大学学报》，通讯作者为秦富教授。

上升的趋势，总体上涨幅度比较大（2007 年 9 月份鸡蛋的价格达到了 8.31 元/千克），但是在上涨的过程中出现了较大的波动。

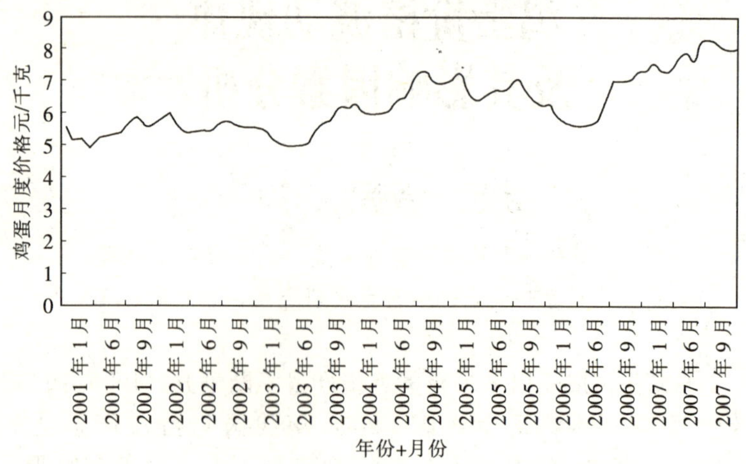


图 1　我国鸡蛋价格波动及长期趋势图（2001.1—2007.12）

数据来源：2002—2008 年的《中国畜牧业年鉴》。

从总体上看，我国鸡蛋价格的总趋势基本呈现为线性增长趋势，接近直线 Y＝a＋bX，其中 X 为时间①，Y 为鸡蛋月度价格。采用 OLS 方法模拟我国鸡蛋价格波动总体趋势的回归结果为：

$$Y = \underset{(41.843)}{4.974} + \underset{(12.144)}{0.030}X \quad (F=147.472,\ Adjust-R^2=0.638)$$

从该回归结果可以看出，模型拟合度较好，表明我国鸡蛋价格呈现出直线型的波动趋势。模型中的 t 值、F 值都通过了检验，表明模型的变量通过了检验，变量 X 的系数是 0.030，代表当其他的条件不变时，时间变动 1 个单位，鸡蛋的价格就会变动 0.030 个单位，也就是说随着时间的推移，我国鸡蛋价格还有上

① 此处的时间变量 X 取值方法为：2001 年 1 月＝1，2001 年 2 月＝2，其他以此类推。

涨的潜力。

## （二）鸡蛋价格波动规律

（1）相对于长期趋势来看，我国鸡蛋的波动相对频繁，并呈现一定的规律性。从图1可以看出，我国鸡蛋价格在短短7年间出现三次大幅度的降价和涨价阶段，呈现出“波浪理论”的变动趋势。从图中可以看出鸡蛋价格有三个“U型”的波动周期，出现波峰和波谷，并且周期越来越长，幅度也是越来越大。第一个“U型”波动周期出现在2001年1月到2002年1月，历时1年，恢复到了2001年的鸡蛋最高价格水平；第二个“U型”波动周期出现在2002年1月到2004年10月，历时约为两年半，这个期间鸡蛋价格的波动远远超过前一个时期鸡蛋价格的波动幅度，最高价格与最低价格差达到了2.48元/千克；第三个“U型”波动周期出现在2004年10月到2007年8月，这个时间跨度约为三年，从图1中也可以看出，这一时期鸡蛋价格的波动很大，最高价格与最低价格的价差达到了2.77元/千克，但从2004年4月份起，我国鸡蛋价格又开始上涨，促进了我国蛋鸡养殖数量的增加，2008年年末我国蛋鸡存栏量达到了13.5亿只。

**表1　2001年1月—2007年12月我国鸡蛋价格波动状况**

单位：元/千克

| 年份 | 1月 | 2月 | 3月 | 4月 | 5月 | 6月 | 7月 | 8月 | 9月 | 10月 | 11月 | 12月 |
|---|---|---|---|---|---|---|---|---|---|---|---|---|
| 2001 | 5.58 | 5.17 | 5.13 | 4.92 | 5.18 | 5.27 | 5.31 | 5.36 | 5.66 | 5.83 | 5.51 | 5.65 |
| 2002 | 5.79 | 6.01 | 5.54 | 5.39 | 5.41 | 5.48 | 5.37 | 5.6 | 5.73 | 5.61 | 5.5 | 5.53 |
| 2003 | 5.49 | 5.42 | 5.14 | 5.05 | 4.97 | 5.01 | 4.94 | 5.33 | 5.66 | 5.73 | 6.23 | 6.13 |
| 2004 | 6.27 | 5.95 | 5.94 | 5.99 | 6.00 | 6.42 | 6.43 | 6.89 | 7.42 | 7.23 | 6.85 | 6.95 |
| 2005 | 7.01 | 7.21 | 6.56 | 6.32 | 6.56 | 6.75 | 6.64 | 6.80 | 7.08 | 6.71 | 6.41 | 6.18 |
| 2006 | 6.28 | 5.83 | 5.68 | 5.54 | 5.55 | 5.65 | 5.72 | 6.41 | 7.00 | 6.99 | 6.93 | 7.26 |
| 2007 | 7.31 | 7.59 | 7.25 | 7.25 | 7.58 | 7.91 | 7.59 | 8.26 | 8.31 | 8.14 | 7.98 | 7.94 |

资料来源：2002—2008年的《中国畜牧业年鉴》。

（2）从表 1 中可见，在每年的 9 月份鸡蛋价格始终处于当年鸡蛋价格的最高或者是次高水平。其原因主要是：国人的鸡蛋消费习惯支持了鸡蛋价格的稳定；9 月份处于玉米青黄不接的时候，饲料的价格高导致鸡蛋的价格高；各个层次的学校开学也在一定程度上拉动了 10 月份鸡蛋价格。和每年 9 月不同的是每年的 4 月份则成为我国鸡蛋价格最低的月份，其原因主要是：从春天开始，蛋鸡的产蛋率出现大幅上涨，导致鸡蛋供大于求；而春节等重大节日消退，市场需求下降。另外一个特点是：每年 8 月份的鸡蛋价格都和每年的平均价格相差不大（除了 2007 年）。

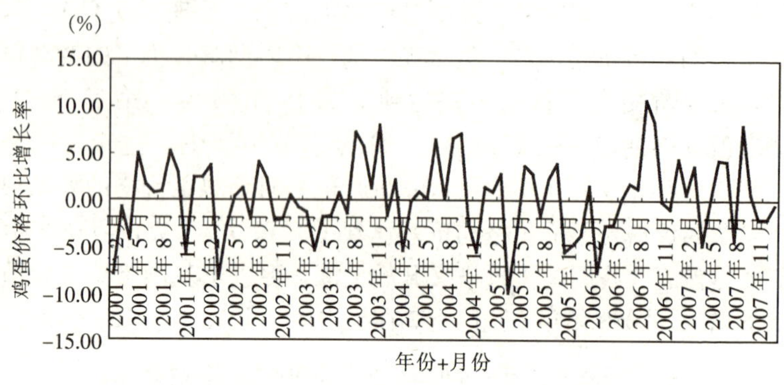


图 2　我国鸡蛋价格环比增长率趋势图（2001.1—2007.12）

数据来源：2002—2008 年的《中国畜牧业年鉴》。

（3）从图 2 可以看出，我国鸡蛋价格环比增长率呈现出三个大的波浪形变动，而且每个波浪的波峰和波谷都在变大，从 2001 年 1 月到 2003 年 1 月（共两年）、2003 年 1 月到 2005 年 1 月（共两年）和 2005 年 1 月到 2007 年 12 月（共 3 年）三个局部波动来看，上面分析的鸡蛋价格短期变动趋势相一致。单看环比增长率，鸡蛋价格的变动不是很大，都在±10%之间波动，而且这种波动区间持续了 7 年时间，环比增长率的波浪形变动也是鸡蛋价格波动规律的一种解释。

## （三）鸡蛋盈亏波动趋势

蛋鸡养殖的实践表明，鸡蛋价格和饲料价格之间存在高度相关性。即：蛋料比，一般均以 1∶3 为盈亏平衡点，超过 1∶3 就为亏损，低于就是盈利。从图 3 可以看出，蛋鸡养殖过程中每千克的鸡蛋大约能赚到 0.68 元（7 年平均），按照每只鸡能产蛋 16 千克，每只鸡到淘汰能赚到 10.88 元，减去其他的费用将会更少，依据统计年鉴的数据可以算出，每只鸡能赚到 7.5 元左右，也就是说从 2001 年到 2007 这七年平均来看饲养蛋鸡是赚钱的，但是盈亏却出现很大的波动，这也难免会对鸡蛋的供给产生影响，必然使鸡蛋消费出现波动。

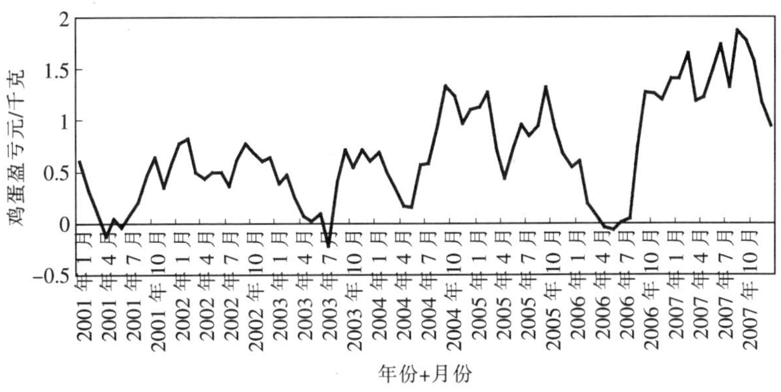


图 3　我国鸡蛋盈亏波动趋势图（2001.1—2007.12）

数据来源：2002—2008 年的《中国畜牧业年鉴》的鸡蛋价格和蛋鸡料价格严格按照蛋料比计算得出。

从图 3 中还可以看出，有的月份鸡蛋是亏损的，比如 2001 年 4 月和 6 月，2003 年 7 月，2006 年 4 月和 5 月：且波动非常大，以亏损点为界周期性变动时间越来越长。从 2001 年 1 月到 2003 年的 7 月历时两年半的时间，鸡蛋盈亏出现第一次亏损；2003 年 7 月到 2006 年 7 月历时三年时间，鸡蛋盈亏又一次出现了盈利和亏损的转换。从 2001 年开始的两年半到三年，盈亏转换的时间越来越长，这个周期性的变动对鸡蛋价格产生了很大的影响。

## 二、影响中国鸡蛋价格波动规律的因素分析

### （一）中国经济发展因素

在改革开放推动下，我国经济持续快速发展，经济实力和综合国力不断增强，基础设施和城乡面貌发生巨大变化。进入新的发展阶段以来，经济保持平稳快速增长，国家财政收入显著增加。正是在这种大环境下，居民的消费水平越来越高，物价水平也呈现出上升的态势，这导致鸡蛋价格呈现出在波动中上涨的变动趋势。

### （二）宏观调控因素

我国对鸡蛋市场的宏观调控能力还很弱，畜牧信息体系不健全，鸡蛋生产和价格数据采集不完整、不及时，畜产品市场预警机制没有建立，无法适时引导农民饲养蛋鸡。国家对鸡蛋生产和价格波动调节缺乏有效手段，难以指导养殖户根据市场变化调节生产和规避风险。

### （三）鸡蛋供给因素

**1. 投入品价格。**在我国鸡蛋生产过程中，饲料成本占到蛋鸡养殖成本的 75%以上，而蛋鸡饲料中很大一部分来自粮食。从产业链角度来看，鸡蛋价格主要受到饲料粮价格的影响。

根据我国蛋鸡料的价格来看（见图 4）：蛋鸡料价格和鸡蛋价格呈现出相同的直线型上涨趋势，但显见鸡蛋价格的波动受到蛋鸡料的影响出现一个滞后期，鸡蛋价格的上涨总是受到蛋鸡料价格上涨的拉动。蛋鸡料和鸡蛋价格的相关性是 0.876，这说明蛋鸡料价格的波动很大程度上牵制了鸡蛋价格的波动。并且，近几年一直在提倡粮食储备和粮食安全问题，使得粮食价格增长，

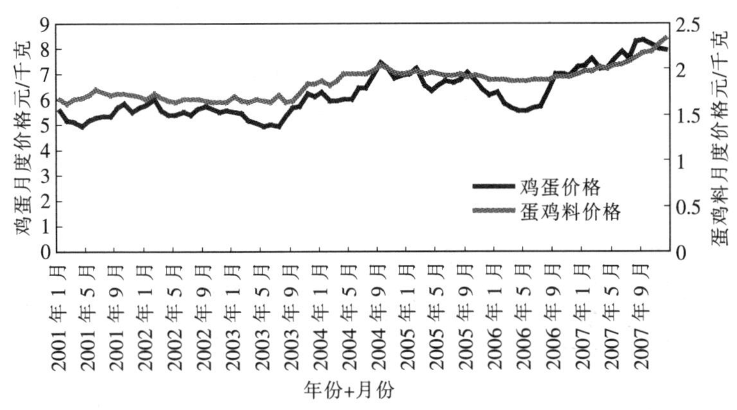


图 4　我国鸡蛋价格和蛋鸡料价格波动趋势图（2001.1—2007.12）

数据来源：2002—2008 年的《中国畜牧业年鉴》。

且其变化明显存在季节性的周期变化。粮食价格的上涨导致饲料的价格上涨，增加了蛋鸡养殖成本，最终鸡蛋价格周期性上涨。研究认为，蛋鸡料价格的波动直接导致了鸡蛋价格的波动，是最重要的影响因素。

**2. 蛋鸡养殖户的预期。**据对蛋鸡养殖户的调查，蛋鸡养殖户对蛋鸡养殖的初衷是挣钱致富，但是农民的天性还是在很大程度上限制了持续饲养蛋鸡的信心，并且农民的资金并不是很充足，对蛋鸡养殖规模的扩大和养殖风险的规避都受到了限制。蛋鸡养殖户对蛋鸡料价格影响鸡蛋价格认识不清，存在认识误区，致使蛋鸡养殖户决策差异性很大。其实，这也迎合了经济学上的一些理论，不挣钱就退出，退出使鸡蛋产量出现缺口，鸡蛋价格出现波动。总之，一般的蛋鸡养殖户缺乏对市场价格的分析和预测能力，不仅表现在生产对价格反应滞后，而且其反应行为具有相当程度的一致性。

## （四）鸡蛋需求因素

**1. 相关产品的价格。**随着人们生活水平的提高，对动物性食品的消费呈现出多元化的趋势。虽然长期以来，我国大多数居民有消费鸡蛋的习惯，但是随着生活水平和生活观念的变化，开始对鸡蛋替代品消费越来越多。自然这些替代品价格的变化就会影响到消费者对鸡蛋的需求。

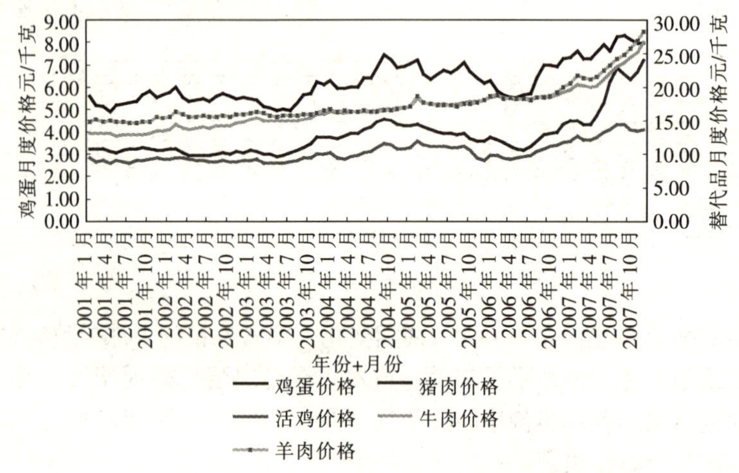


图5　我国鸡蛋价格及其相关替代品价格波动趋势图（2001.1—2007.12）

数据来源：2005—2008年的《中国畜牧业年鉴》。

根据需求原理，在排除收入影响下，当鸡蛋价格下降时，就会对其他替代品的消费减少，进而其他的替代品的价格就会下降，会出现有滞后性的相似的价格波动。如图5所示，五种动物性食品的价格波动出现了相似的波动趋势，尤其是鸡肉的价格与鸡蛋的价格波动趋势滞后相似。其他的三类肉类食品也与鸡蛋价格波动相似。正是由于这种原因，鸡蛋价格波动受到这些替代品价格波动的影响，这种影响是相互的。

**2. 消费者自身状况。**消费者越来越理性，对消费品的选择受到越来越多因素的影响，比如：食品安全性、性价比、营养需求等。首先，人们对食品安全的重视使得食物类的消费成为大家越来越关注和评论的领域。禽流感事件的发生对鸡蛋消费影响很大，这些突发性的事件会使人们增加对对鸡蛋食用安全性的顾虑；其次，消费者对鸡蛋价格的预期，在理性的作用下消费者会对鸡蛋价格做出预测，对鸡蛋价格的变动有影响；最后，消费者的收入会对鸡蛋消费的倾向不同，收入高的认为鸡蛋不是他们的必选，价格高的肉类才是；收入相对低的则认为鸡蛋消费是必须的，更贫穷的会认为鸡蛋消费是奢侈品，当然第三种消费人群在中国越来越少。总之，消费者自身的因素都会影响到鸡蛋价格。

## 三、应对我国鸡蛋价格波动规律的建议

以上对鸡蛋价格波动规律进行了理论解析，表明鸡蛋价格波动会在一定程度上影响市场的稳定以及鸡蛋生产者的积极性，为此在考虑鸡蛋供需、生产、安全等情况下，提出几点应对我国鸡蛋价格波动的政策建议：

（1）加快市场信息传播，建立鸡蛋市场信息共享机制及鸡蛋市场预警机制，全面覆盖蛋鸡养殖地区，适时引导养殖户饲养蛋鸡。需要政府的支持和帮助，蛋鸡养殖已经在各地形成规模，当地政府就应为当地的蛋鸡养殖户、合作社和企业提供相关的信息以及资金的大力支持，以带动当地蛋鸡产业的发展，更好的规避价格风险。

（2）政府要积极引导蛋鸡养殖户建立专业合作社，形成规模化的蛋鸡养殖园区，实行统一管理、销售等。新的合作社法已经实行，各地合作社的作用也显而易见，蛋鸡合作社的建立既能更好的规避蛋鸡养殖风险和维护蛋鸡养殖户的利益，又能稳定鸡蛋市场，维护鸡蛋市场秩序。

（3）积极引导当地生产特色鸡蛋，特色化养殖。为迎合广大居民的营养需要以及食品安全，可以推广有机鸡蛋、绿色鸡蛋的大规模养殖，既能使农民增收，又满足了消费者需要，还规避了

鸡蛋价格风险。

（4）积极引导各地建设鸡蛋加工企业，产业化经营，延长鸡蛋产业的产业链。我国鸡蛋加工业严重落后，使得鸡蛋加工品供不应求，这也是一个规避鸡蛋价格风险的很好途径。

（5）建立健全蛋鸡疾病防疫体系和鸡蛋质量检测体系，减轻对鸡蛋生产和鸡蛋消费的冲击。疫情疾病是影响蛋鸡养殖的主要因素，并且在很大程度上影响蛋鸡养殖户的养殖信心。政府要加大对疫情疾病的防治和研究，减少对蛋鸡养殖的冲击，增加鸡蛋食用的安全性。同时，鸡蛋检测体系在我国还没有建立，需要政府投入人力、物力，确保鸡蛋食用安全，增强消费者的选择信心。

## 主要参考文献

盛建华．河南省猪肉价格变化规律及其预测研究［J］．河南农业大学学报，2008（12）

中国畜牧业年鉴编辑委员会．中国畜牧业年鉴［M］．北京：中国农业出版社，2002—2008

李秉龙，何秋红．中国猪肉价格波动及其原因分析［J］．农业经济问题，2007（10）

安守勤．畜产品价格和效益受哪些因素影响［J］．中国畜牧业统计，2003（3）

辛贤，蒋乃华，周章跃．畜产品消费增长对我国饲料粮市场的影响［J］．农业经济问题，2003（1）

蒋乃华，辛贤，尹坚．我国城乡居民畜产品消费的影响因素分析［J］．中国农村经济，2002（12）

农业部畜牧业司．2007年2月全国畜产品和饲料价格走势及分析［J］中国饲料，2007（5）

# 我国蛋鸡不同养殖规模的成本收益分析

朱宁　马骥　张瑞海

（中国农业大学经济管理学院，北京海淀 100083）

## 一、我国蛋鸡养殖规模现状

新中国成立以来，我国的蛋鸡养殖量持续上升鸡蛋总产量不断攀升，自 1985 年起我国已成为世界最大的鸡蛋生产国。2008 年鸡蛋总产量达到 2 296.87 万吨（约占全球 40%），分别是 1949、1978 年鸡蛋总产量的 84.65 倍和 8.70 倍。我国的蛋鸡产业在经历了缓慢发展、初步发展和快速增长阶段后，已经进入稳步发展期。

我国蛋鸡养殖区主要分布在华北、华东和东北等粮食主产区和人口聚集区，其中鸡蛋产量排在前 6 位的省份依次是河北、山东、河南、辽宁、江苏和四川，这六个省的人口占全国总人口 34.6%。近年来，受鸡蛋市场价格波动幅度大、疫病防控成本高、运输费用增加等因素的影响，北方原密集养殖区的存栏量迅速减少，如河北省 2008 年同比 2007 年蛋鸡存栏量减少了 30% 以上；而在广东、广西等传统的鸡蛋输入区，由于养殖技术进步、养殖设施改善和当地鸡蛋价格较高等原因，促使当地养殖量大幅增加。

根据 2007、2008 两年的中国畜牧业年鉴的统计数据分析得出（见表 1），我国的蛋鸡养殖呈现出“小规模大群体”的现象。

**表 1　我国.2006 年和 2007 年蛋鸡饲养规模比较**

| 年存栏数（只） | 各规模场（户）数 | | | 各规模存栏数（万只） | | | 各规模鸡蛋产量（万吨） | | |
|---|---|---|---|---|---|---|---|---|---|
| | 2006 | 2007 | 变化 | 2006 | 2007 | 变化 | 2006 | 2007 | 变化 |
| 0～500 | | 29 135 097 | | | 69 237.60 | | | 616.79 | |
| 500～1 999 | 579 569 | 560 858 | — | 6 1871.75 | 59 714.74 | — | 661.02 | 620.05 | — |
| 2 000～9 999 | 188 841 | 221 735 | + | 68 183.54 | 81 303.15 | + | 767.64 | 878.94 | + |
| 10 000～49 999 | 10 345 | 15 599 | + | 18392.27 | 27 259.62 | + | 215.78 | 307.37 | + |
| 50 000～99 999 | 532 | 746 | + | 3 325.96 | 4 894.89 | + | 37.52 | 58.97 | + |
| 100 000～499 999 | 149 | 254 | + | 2128.43 | 3 876.55 | + | 25.95 | 46.28 | + |
| 500 000 以上 | | 6 | + | | 759.35 | + | | 8.26 | + |

资料来源：2007 年、2008 年的《中国畜牧业年鉴》。

虽然大中型规模的蛋鸡养殖户的规模一直处于上升趋势，目前我国小规模蛋鸡养殖存栏量（蛋鸡存栏量 0～1 999 只）占到了总的蛋鸡存栏量的 52.20%，而中规模（蛋鸡存栏量 2 000～9 999 只）、大规模的存栏量（蛋鸡存栏量 10 000 只以上）分别占到总存栏量的 32.91%和 14.89%。但从 2006 年和 2007 年的变化来看，中大型规模的蛋鸡存栏量占的比重越来越大，表明未来我国蛋鸡养殖趋势是大中型的养殖场或园区。蛋鸡养殖规模在 2 000 只以上的养殖户 2007 年比 2006 年多了 38 473 户，2000 只以上规模的蛋鸡存栏数比 2006 年多了 26 063 万只，这也说明大中型养鸡场正在慢慢兴起，虽说比例相对较小，但也可以看出我国蛋鸡饲养规模未来的发展方向。

正是在此背景下，本报告拟在获取我国不同蛋鸡养殖规模相关数据的基础上，重点对蛋鸡养殖过程中的成本收益问题进行分析，探讨我国蛋鸡养殖的适度规模问题，并为促进我国蛋鸡产业发展提出相关政策建议。

## 二、数据来源与样本基本情况以及计算方法

本报告所采用的数据是 2007—2009 年的《全国农产品成本收益资料汇编》中有关蛋鸡不同养殖规模的成本收益数据。从 2007 年下半年以来的鸡蛋价格的下降，导致了蛋鸡产业的巨大波动，2007 年前后蛋鸡不同养殖规模的成本收益对比分析成为值得研究的问题。所以本报告选取最近三年不同养殖规模的成本收益数据作为分析的数据。

目前，蛋鸡的养殖成本主要包括直接成本和间接成本，其中直接成本为鸡苗进价、饲料费用、水电费、燃料动力费、医疗防疫费、死亡损失费、人工成本（雇工费用和家庭用工折价）等，间接成本包括固定资产折旧（使用时间长，每年都有折旧）以及鸡舍的占地成本；收益包括出售鸡蛋所获得的主产品收益以及出

售淘汰鸡和出售鸡粪获得的副产品收益。对不同蛋鸡养殖规模的成本和收益进行分析。根据成本与收益项目，可计算：

(1) 养殖总成本＝直接成本（鸡苗进价、饲料费用、水电费、燃料动力费、医疗防疫费、死亡损失费、人工成本）＋间接成本（固定资产折旧、鸡舍占地成本）

(2) 养殖总收益＝主产品收益（出售鸡蛋的收入）＋副产品收益（出售淘汰鸡和鸡粪的收入）

(3) 净收益＝养殖总收益－养殖总成本

(4) 成本收益率＝净收益/养殖总成本

## 三、我国不同规模蛋鸡养殖户的成本收益比较

依据《全国农产品成本收益资料汇编》对蛋鸡养殖规模的分类，从不同规模蛋鸡养殖户的成本、收益、净收益及成本收益率等方面进行比较分析。

(1) 从表 2 可以看出，直接成本占总成本的 95%以上，直接成本中饲料费用占 80%左右，可以看出，蛋鸡养殖成本中主要是饲料的费用，蛋鸡市场和饲料市场的运行具有连带效应。不同规模的蛋鸡养殖户近三年的生产成本一直呈现上升的趋势，不仅是直接成本的上升，间接成本也呈现出上升趋势。2006 年到 2007 年的总成本增长很快，在 15%左右，幅度较大；2008 年与 2007 年相比，总成本增长了 7%左右。从不同规模的比较来看，规模越大、养殖成本越高，这说明规模越大所承受的养殖风险和压力越大。

(2) 表 3 显示的是不同规模蛋鸡养殖户的收益情况。蛋鸡养殖的主要产品是鸡蛋，以中规模蛋鸡养殖户为例，鸡蛋收益占总收益的 87%左右，近三年一直保持在这个比例。可见，蛋鸡养殖收益主要受鸡蛋市场行情变化的影响。副产品中的淘汰鸡收益受到季节的影响，在每年的 9、10 月份价格比平常月份高，有些

**表 2　不同规模蛋鸡养殖户的成本比较表**

单位：元/百只

| 年份 | 小规模蛋鸡养殖户 | | | 中规模蛋鸡养殖户 | | | 大规模蛋鸡养殖户 | | |
|---|---|---|---|---|---|---|---|---|---|
| | 总成本 | 直接成本 | 间接成本 | 总成本 | 直接成本 | 间接成本 | 总成本 | 直接成本 | 间接成本 |
| 2006 | 8 289.99 | 8 287.00 | 2.99 | 8 534.30 | 8 508.38 | 25.92 | 9 015.92 | 8985.55 | 30.37 |
| 2007 | 9 782.44 | 9 778.30 | 4.14 | 9 814.87 | 9 786.32 | 28.55 | 10 554.26 | 10 524.89 | 29.37 |
| 2008 | 10 496.36 | 10 490.64 | 5.72 | 10 719.86 | 10 691.84 | 28.02 | 11 566.07 | 11 534.16 | 31.91 |

资料来源：2007 年、2008 年和 2009 年的《全国农产品成本收益资料汇编》。

**表 3　不同规模蛋鸡养殖户的收益比较表**

单位：元/百只

| 年份 | 小规模蛋鸡养殖户 | | | 中规模蛋鸡养殖户 | | | 大规模蛋鸡养殖户 | | |
|---|---|---|---|---|---|---|---|---|---|
| | 收益合计 | 主产品收益 | 副产品收益 | 收益合计 | 主产品收益 | 副产品收益 | 收益合计 | 主产品收益 | 副产品收益 |
| 2006 | 9 318.54 | 8 084.25 | 1 234.29 | 9 429.41 | 8 203.16 | 1 226.25 | 9 828.20 | 8 492.13 | 1 336.07 |
| 2007 | 11 306.95 | 9 917.20 | 1 389.75 | 11 401.43 | 9 937.86 | 1 463.57 | 11 950.66 | 10 435.09 | 1 515.57 |
| 2008 | 11 453.89 | 9 956.78 | 1 497.11 | 11 807.23 | 10 210.59 | 1 596.64 | 12 189.74 | 10 555.06 | 1 634.68 |

资料来源：2007 年、2008 年和 2009 年的《全国农产品成本收益资料汇编》。

养殖户就选择这个时间作为蛋鸡的出栏时间，从而影响到了养殖户选择养殖时间。鸡粪作为有机肥原料，也能获得一些收益，但其占总收益的比重很小。从中也可以明显地看出，不同规模蛋鸡养殖户近三年的总收益一直是上升的，且 2007 年的环比增幅大于 2008 年。不同规模的蛋鸡养殖收益也和成本的表现一样，规模越大、收益越多。

（3）从表 4 中可以看出，2008 年中规模蛋鸡养殖户的净利润比小规模养殖户高 13.6%，比大规模养殖户高 74%，可见，中规模养殖户具有较好的规模效益。从成本收益率看，近三年中规模蛋鸡养殖户均高于小规模和大规模养殖户，说明中规模蛋鸡养殖（蛋鸡存栏量 2 000～9 999 只）是目前较为适宜的养殖规模。但由于大规模养殖户的养殖基数大，相对于中规模养殖户虽然收益低，但经过换算以后，1.5 万只以上的大规模蛋鸡养殖户的收益还是比中规模蛋鸡养殖户的总净收益要高。说明蛋鸡养殖存在规模效应，大规模养殖户的逐步增加是一种必然的趋势。

**表 4　不同规模蛋鸡养殖户的净利润和成本收益率比较表**

单位：元/百只

| 年份 | 小规模蛋鸡养殖户 | | 中规模蛋鸡养殖户 | | 大规模蛋鸡养殖户 | |
|---|---|---|---|---|---|---|
| | 净利润 | 成本收益率% | 净利润 | 成本收益率% | 净利润 | 成本收益率% |
| 2006 | 1 028.55 | 12.41 | 895.11 | 10.49 | 812.28 | 9.01 |
| 2007 | 1 524.51 | 15.58 | 1 586.56 | 16.16 | 1 396.40 | 13.23 |
| 2008 | 957.53 | 9.12 | 1 087.37 | 10.14 | 623.67 | 5.39 |

资料来源：2007 年、2008 年和 2009 年的《全国农产品成本收益资料汇编》。

总的来说，通过对我国不同规模蛋鸡养殖户的成本收益分析发现，规模不同导致了蛋鸡养殖户的收益不同，且具有层次性，蛋鸡饲养存在规模效益。这也是我国蛋鸡养殖的一个目标。未来蛋鸡的饲养主要是大中型规模的蛋鸡饲养场或饲养小区，这既整合了资源，又可以相对减少成本。但就目前发展阶段而言，中规模养殖是我国蛋鸡养殖应提倡的主要模式。

## 四、研究结论和政策建议

从上述分析看出，目前我国的蛋鸡养殖户收益较为稳定，这在很大程度上促进了蛋鸡产业的发展，表明我国的蛋鸡产业是一个发展中的朝阳行业。

研究认为，未来我国蛋鸡产业的发展主要依靠大中型规模的蛋鸡养殖户，这些养殖户有规模效益，可以整合资源，更容易控制疫情疾病，也可以保证鸡蛋及其附属产品的供给。这是我国蛋鸡养殖的发展方向，政府应出台相应政策积极引导。

结合本报告的研究结论，提出以下几点政策建议：

(1) 国家和地方各级政府，对于蛋鸡养殖规模相对较大的养殖户给予实际的政策支持。对较大规模的蛋鸡养殖户进行政策性的补贴等鼓励其发展的政策，这既符合蛋鸡产业发展的趋向，也有利于节约资源，更好的保护生产环境。

(2) 对蛋鸡养殖相对集中的地区（主产区），应给予产业发展的正确引导，对非主产区，应增强养殖户信心。由于蛋鸡养殖区域间的不平衡，需要在主产区实行规模化的养殖，保证规模效益；在非主产区要提倡农民从事蛋鸡养殖，实现蛋鸡产业的区域性平衡发展。

(3) 发展合作组织或企业等参与的规模养殖模式。组建大的集团或农民专业合作组织，形成有一定生产规模的品牌鸡蛋生产基地，健全、完善产业链，抵御市场风险。这也是应对当今鸡蛋市场行情波动、增加养殖户收益的有效模式。

### 主要参考文献

于格，刘爱民．中国小麦成本收益及不同地区的比较优势分析 [J]. 中国农业资源与区划，2003 (3)：59－62

秦富，李先德，吕新业，卢向虎．河南小麦产业链各环节成本收益研究［J］．农村经济问题，2008（5）：13－19

张海森，徐志刚，蔡派．加入WTO以来中国稻谷成本收益变化趋势与国际比较［J］．世界农业，2008（4）：5－8

韩峰．中国农产品成本收益核算指标体系研究综述［J］．价格月刊，2005（4）：33－34

闫丽珍，成升魁，刘爱民，范存会．中国玉米生产成本收益的区域分布规律研究［J］．农业技术经济，2003（6）：27－34

范玉生，王必勇．2008年蛋鸡行情分析及2009年市场预测［J］．中国畜牧杂志，2009（2）：34－38

宁中华，王岩．我国蛋鸡产业现状和2008年热点透析及发展趋势［J］．中国畜牧杂志，2009（2）：30－33

吕广宇，胡继连．我国蛋鸡产业平台期现状分析及发展策略［J］．中国农村经济，2005（12）：61－67

# 我国蛋鸡产业经济体系发展及研究的国际差距分析*

赵一夫　薛莉

（中国农业科学院农业经济与发展研究所，北京 100081）

## 一、蛋鸡产业发展水平方面的差距

中国虽然是世界上蛋鸡生产第一大国，但产业发展水平与世界先进国家相比仍存在较大差距，如蛋鸡育种水平较低；养殖企业总体规模偏小、技术创新能力薄弱、管理水平落后；产业生产方式以劳动力密集型为主，设备技术水平明显落后于发达国家；产业质量安全管理与保障体系不健全；产业环境污染严重等。

### （一）国内蛋鸡品种的市场占有率低

目前，国外蛋鸡品种占据了60％～70％的国内市场，却未在中国境内设曾祖代鸡场，这对我国蛋鸡产业造成一定的不利影响。2004年我国研发出了“农大3号”小型蛋鸡，但市场占有率较低。2009年4月北京华都峪口禽业有限公司宣布发出京红1号和京粉1号蛋鸡品种，具有适应性强、开产早、产蛋量高、耗料低等特点，但国内研发蛋鸡品种的市场占有率还有待进一步扩大。

* 本报告得到“国家蛋鸡产业技术体系建设专项经费”资助。

## （二）养殖主体规模化程度低

养殖主体规模小而分散是影响产业发展最主要的瓶颈，西方发达国家（以英国为例）蛋鸡产业 78%的生产能力来自于 1%的生产企业，而我国目前 60%左右的蛋鸡养殖由规模在 1 万只以下的小型养殖场（户）构成。小规模养殖为主的经营模式，削弱了产业整体技术创新水平提升，现代化、装备化水平偏低，产品质量安全保障体系难以建立。

## （三）蛋制品加工储运技术落后

目前我国蛋制品主要是皮蛋、咸蛋、槽蛋、冰蛋、全蛋粉、蛋白粉、蛋黄粉等传统品种，与国外蛋制品加工状况相比，还有较大差距。例如国外巴氏杀菌液体蛋制品在澳大利亚、欧洲、日本和美国已经占鸡蛋产量的 30%～40%，但我国这一比例却不足 1%。在储运方面，我国大部分鸡蛋从产蛋到收集、运输、销售都是在常温下进行，并且大部分鸡蛋没有经过杀菌消毒工序就运送到市场；而国外发达国家早已经采用了从鸡蛋采集、到运输、销售的保持鸡蛋新鲜度的冷藏系统，并对每一枚上市的鸡蛋都做了充分的杀菌消毒。

## （四）鸡蛋生产和销售标准化程度不高

目前我国生产和销售的鸡蛋大多没有做品牌、大小规格以及用途方面的明确规定，而发达国家，如美国和日本对鸡蛋的大小规格都有具体规定。欧盟委员会制定了关于鸡蛋销售标准的理事会法规（EC）No 1028/2006。该法规规定了食用带壳鸡蛋销售标准，并且对适合人类直接消费的鸡蛋和不适合人类直接消费的鸡蛋进行了明显区别，特别是供食品工业和非食品工业用蛋之间的区别。法规还规定了鸡蛋标志及其包装。

### （五）产品质量跟踪与追溯体系还未建立

我国目前除了品牌鸡蛋能大概知道产地外，其他鸡蛋都很难断定产地，就更不知道产蛋的农户；而日本在每一盒销售的鸡蛋上都标注品质保证的标签，将标签号码登陆鸡蛋质量控制系统，便可对鸡蛋生产者一目了然。

## 二、蛋鸡产业经济体系研究方面的差距

我国与世界先进国家的差距一方面表现在产业发展水平和发展阶段不同，需要研究和解决的问题存在较大差异；另一方面表现在作为研究基础的数据统计和信息系统存在较大差距。

### （一）研究重点的差距

国内对蛋鸡产业经济体系的研究重点在于产业供需结构和产业链组织方式等方面；国外对蛋鸡产业经济体系的研究重点除了产业供需结构问题外，还包括蛋鸡动物福利、环境与质量安全问题等方面。

### （二）研究方法的差距

在产业经济体系研究方面，我国与国外的差距并不明显，均是在西方经济学理论基础上，普遍采用产业经济学的一般研究方法。在数据完整的基础上，国内外研究一般采用较多的是统计分析方法，包括描述性统计、相关性检验，回归检验和预测等方法。对产业体系的供需预警研究，国内外普遍采用的是指标体系分析方法，以及敏感性分析或时序模型的系数检验等方法。

### （三）数据统计方面的差距

一些国家或研究机构都有专门的家禽业数据统计，并编制了

年报，如：EBSCO公司BSP数据库的《Poultry & Dairy Industry Yearbook》、美国农业部经济研究服务局（USDA/ERS）编制的《Poultry Yearbook》、美国科学家联合会（FAS）编制的《Livestock and Poultry：World Markets and Trade》、美国《国际家禽》杂志编制出版的《世界家禽年鉴》、美国Watt出版公司（Watt publishing Company）出版的《Watt poultry statistical yearbook》，亚洲的另一个发展中大国印度也编有《Indian poultry industry yearbook》。数据涉及产量、价格、成本、贸易等各个方面。

而我国尚没有对畜禽或家禽编制专门的统计年鉴，更没有蛋鸡产业的详细统计。数据收集制度和数据上报体系不完善、不健全，缺乏系统完整的数据库和信息平台，数据来源杂乱，有的是观测点上报数据，有的是行业协会或大型企业的估测数据，常常是“据不完全统计”来进行粗略分析。

## 三、建　　议

（1）制订发展规划，加大力度支持国内优质蛋鸡品种选育，集中全国的技术力量，重点投资，专题研究蛋鸡品种育种技术、开展系统选育，力争育成生产性能国际领先的高产蛋鸡。

（2）立足可持续发展目标，不仅要重视产业结构研究，同时要重视质量安全监测以及产业环境问题，加强对蛋鸡农户的技术、资金支持力度以及质量管理，建立鸡蛋可追溯系统，建立鸡蛋生产销售一体化的质量保证体系。

（3）发展蛋品高端加工技术，抓住消费者需求动向，加大研发力度，通过高新技术带动高端市场，通过高质量的产品为蛋鸡产业创造更高的附加价值。

（4）完善我国蛋鸡产业数据采集、观测与上报体系，逐步建立健全蛋鸡产业供需数据库和信息查询系统，同时，加强对禽蛋统计的分类工作，完善对鸡蛋生产、加工、贸易企业的数据采集和统计工作，建议建立一个公开、透明的鸡蛋信息系统。

（5）建立相对完善的供需预警指标体系，对重点敏感指标的变动及影响进行跟踪监测。

通过上述方面的不断完善和推进，逐渐缩小与世界先进国家在蛋鸡产业发展及经济体系研究方面的差距，为我国蛋鸡产业可持续发展提供理论与实践支持。

# 金融危机对蛋鸡产业影响的调查报告*

秦富　杨宁　赵一夫　薛莉
徐桂云　钟钰　曲鲁江

2009年3月下旬，根据国家蛋鸡产业技术体系首席科学家杨宁教授的统一部署，产业经济研究室组织5名骨干研究人员，设计问卷，对我国24家蛋鸡养殖企业进行了调查，并对部分企业进行了重点的走访调查，旨在了解金融危机影响下，我国蛋鸡产业发展中出现的新情况，面临的主要问题，以及应对措施。在此基础上，提出促进我国蛋鸡产业平稳较好发展的对策与政策建议。

就问卷调查、实地座谈和走访情况看，全球性的金融危机对我国蛋鸡产业的发展确实有一定的影响，特别是因消费信心不足而产生的需求下降，对蛋鸡产业的发展影响较大。随着金融危机影响层面的不断扩大，更应预先重视其所产生的乘数效应对我国蛋鸡产业的影响。

## 一、蛋鸡产业发展面临的主要问题

从宏观层面看，目前我国蛋鸡产业发展主要有两方面的不足。

---

* 本报告已刊登于国家蛋鸡产业技术体系工作简报第1期。

**1. 蛋鸡规模化养殖水平亟待提高。**蛋鸡产业在我国农业和国民经济发展中具有重要地位，蛋鸡饲养量和鸡蛋产量多年来稳居世界第一；但我国蛋鸡生产模式主要是农户小规模分散生产和经营，规模化养殖水平与发达国家的差距仍然很大。据不完全统计，目前蛋鸡总量中60%左右由规模在1万只以下的小型养殖场（户）构成。农户小规模分散生产和经营模式，在20世纪80～90年代为促进我国蛋鸡产业发展，增加鸡蛋产量，提高农民收入，起到了极大的推动作用。进入21世纪，蛋鸡养殖规模有所提高，500只以下的养殖户饲养量仅占总饲养量的8%左右，但规模在1万只以下的饲养户比例仍较多，小规模饲养造成产品不易标识，可追溯性差，给食品安全带来隐患。而发达国家蛋鸡养殖规模大约在10万只以上。随着我国社会主义市场经济建设的不断深化，特别是在加入WTO后的国际化大背景下，小规模分散经营的模式已越来越不适应时代的要求，亟待改革。

**2. 蛋鸡产业亟待建立健全行业规范。**2000年后，我国蛋鸡业逐渐成熟，饲养规模也没有较大扩展。但因我国蛋鸡以分散养殖为主，更因为我国蛋鸡产业缺乏行业规范，使得养鸡总量难以得到有效控制，长期以来总产能呈现严重过剩局面。我国商品代蛋鸡存栏大约15亿只，其中产蛋鸡饲养量12亿只左右。培育品种祖代鸡场20家上下，年存栏30万～40万套，年供父母代能力超过2 500万套；父母代鸡场1 000家左右，场均规模2万套，总饲养能力2 000万套，年可供商品代蛋鸡20亿只。近几年，我国柴鸡蛋市场的火热，促进了地方品种的开发利用，用于生产柴鸡蛋的商品代蛋鸡饲养量大约在2亿只左右。祖代、父母代、商品代三代产能过剩，比实际需要超过20%以上。因而迫切需要建立健全行业规范，有效控制长期产能大量过剩局面。

从微观层面看，目前我国蛋鸡行业的企业类型主要有两类：一种是以种鸡培育为主，如北京市华都峪口禽业有限责任公司、上海家禽育种有限公司等；另一种是以鸡蛋生产为主，如北京德青源农业科技股份有限公司、河南三高固始鸡发展有限责任公司等。从产业链角度纵向来看，这两类企业分别处于蛋鸡产业链上下游衔接的两个阶段。根据对两种类型企业的问卷和实地调研反馈，发现微观层面我国蛋鸡产业主要面临以下几个问题。

**1. 饲料成本上升导致利润下滑，企业经营举步维艰。**蛋鸡养殖最主要的饲料原料是玉米和豆粕，其中玉米占65%左右，豆粕约占15%左右。从2007年底饲料涨价造成的蛋鸡和蛋种鸡集中淘汰到2008年5月豆粕的涨价，饲料原料的价格上涨严重影响着国内蛋鸡行业的平稳发展。2008年豆粕现货市场，1～7月大幅上涨，连创新高；8～12月震荡走低，跌势更猛。全年均价为3 771元/吨，较2007年上涨992元/吨；年内最高价格为4 850元/吨，较2007年上涨840元/吨；最低价格为2 820元/吨，较2007年上涨760元/吨。

尽管蛋鸡饲料价格上涨迅猛，但鸡蛋价格变动远没有成本上升的幅度大。2008年1—3季度，鸡蛋价格逐步上扬，从年初的6.3元/千克，上涨至7元/千克以上，至2008年9月中旬达到最高点；而2008年第4季度至2009年第1季度，受金融危机的影响，消费信心不足引致对鸡蛋的需求明显减少，进而导致鸡蛋价格直线下降，已跌破2008年初的价格，每千克售价甚至不足6元。根据本次24家蛋鸡企业的问卷调查反馈以及部分企业的座谈走访，如此低的鸡蛋销售价格，扣除2007—2008上半年严重上涨但后期至今回落幅度明显偏小的饲料成本、水、电、人工等管理费用，蛋鸡企业利润下滑，不少企业充其量也只能处于保本状态，有些企业已处于亏损状态，导致企业经营举步维艰。

**2. 缺乏贷款抵押，企业融资困难。**目前，大多数蛋鸡养殖企业用地以租赁集体农用地的方式取得，因而不能通过土地产权抵押或地面附属建筑物抵押来获取贷款。企业只能以支付更高的贷款利息或者交纳更高的担保费用来获取贷款，如北京德青源农业科技股份有限公司，仅2007年就支付固定资产贷款利息513

万元，流动资金贷款利息 100 多万元，不仅增加了企业的经营成本，而且给企业带来了沉重的债务负担。问卷调查表明，一些养殖规模较小、经济实力较弱的蛋鸡企业，根本就无力支付高昂的利息或担保费，从而无法获取贷款，只能依靠企业自身的经营滚动发展，生产经营规模难以扩大，技术更新难以实施，进一步削弱了企业的市场竞争力。

**3. 行业进入门槛较低，政府管理缺乏量化标准。**不少企业，特别是规模较大走品牌化发展道路的蛋鸡养殖企业反映，我国鸡蛋行业长期以来缺乏明确的国家标准，市场准入制度缺位，很多从业者，特别是散户和小规模生产者，为片面追求眼前利益，阶段性低水平涌入，盲目性和从众性行为特点突出，行业主流受到严重冲击，养鸡利润持续降低。加之鸡蛋品质只能依靠仪器进行鉴定，在没有明确统一的国家标准、检测监管制度不完善的情况下，完全依靠市场的自由竞争，养殖过程简单、养殖环境较差、养殖成本较低的低质低价鸡蛋畅销，真正的优质鸡蛋反而无法获得优价，鸡蛋市场“劣币驱逐良币”现象严重。一些生产环境和工艺通过国际标准认证的大规模蛋鸡养殖企业，投入很高成本建立起来的高端优质鸡蛋产品市场，根本经受不住一些“以次充好”从业者的冲击，因为他们的普通鸡蛋的成本较低，即使以比优质鸡蛋的略低的价格进行销售，利润空间仍然很大，竞争力依然强劲。由于行业进入门槛较低，政府管理缺乏量化标准，加之消费者信息不对称，自由市场竞争的结果，必然使真正的优质鸡蛋迫于成本和利润的压力，难以为继，有的甚至不得不退出市场。尤其是对于走品牌化发展道路的企业，要坚守高质量的生产，就必须要付出高昂的成本，但市场价格的限制使企业不得不压缩利润空间，保证高品质鸡蛋的生产成为企业最大的软肋。

**4. 防疫体制实际运作效果有待改善。**①行政性质较强的兽医防疫体系同完全市场化的行业很难完全的配套与协调，因而缺乏同市场机制和行业规律相协调的管理机构。政府多年来投入的资金使用效果有明显的改进空间。②全国统一的疫病防治系统尚待建立。鸡蛋是全国流通的商品，但目前尚缺乏一个基于自然条件和社会条件生物安全条件基础上的全国统一规划，管理制度缺失，进而导致疫病防控扑杀补偿政策存在一定程度和范围的不合理。③从疫情报告、疫苗研制到推广防治的周期过长，鸡群早期感染得不到控制，细菌病泛滥，形成巨大的生物安全隐患。④配套的服务体系缺乏生物安全概念和责任意识，政府监控管理尚不到位，饲料、送料车、鸡蛋包装箱、运蛋车、运鸡车都是造成疾病传播的途径。⑤免疫程序、疫苗使用不当、滥用抗生素和违禁药、无抗体监测手段等问题，也亟待改善。

**5. 品种单一，自主创新能力亟待提高。**调研中了解到，目前国内主导蛋鸡品种是海兰，占有率在 50%左右；其他引进品种罗曼、依莎、海赛、尼克等占到 25%左右；国内自主培育品种农大 3 号矮小型蛋鸡，京红、京粉系列、京白 939 等品种的饲养量约占 25%。我国蛋鸡品种长期依赖进口，种源权大多掌控在外企手中，既浪费了大量外汇，又未能充分利用国内鸡种资源，因而我国蛋鸡品种的自主创新能力亟待提高。此外，我国良种扩繁体系跟养殖户关系松散，责任不明确，造成个别场家以次充优，生产冒牌产品，扰乱了市场秩序。

## 二、金融危机对蛋鸡产业的主要影响

受国际金融危机的影响，国内宏观经济进入低速增长和调整阶段，而宏观经济对于蛋鸡行业的影响可以从鸡蛋的销售终端得到最直观的反映：经济减速造成鸡蛋销量下降，比例大概在 20%左右；鸡蛋销量的减少进一步影响商品蛋鸡和蛋种鸡的养殖。部分饲料生产企业也受到金融危机的波及，出现减产甚至停产现象，饲料生产量和销售量较去年同期明显降低，降幅约为 20%～30%。本次调查发现，金融危机对蛋鸡产业发展的影响主要有以下几个方面。

### （一）尽管对蛋鸡企业的投入成本有一定的正向影响，但对产出收益却有更大的负向影响

金融危机造成的整体经济下滑，引致农产品价格普遍回落，与2008年中期的历史高位相比，饲料原料价格都有一定幅度的下降，为企业腾出了一定的利润空间。因饲料成本在我国蛋鸡生产成本中约占75%，其价格下降对降低总成本的作用比较明显，所以对蛋鸡企业无疑具有一定的正向有利影响。但问题在于：一是最主要的原料——玉米，因受国家政策调控，仍保持较高的价格水平。二是前面分析已经表明，随着投入品价格的降低，商品代蛋种鸡和鸡蛋的市场价格也在明显降低。在这一正一反的夹缝中，企业能否获得利润，即金融危机对企业效益的综合影响，尽管视企业成本控制策略和内部管理的效率差异而不同，但从总体上讲，对企业的销售收益负向影响更大。

### （二）贷款审查愈加严格，企业融资难度加大

首先，畜禽养殖业属于高风险的农业项目，原本就较难获得商业性金融机构的贷款，在全球经济衰退的背景下，商业性金融机构更加强了贷款控制，这对畜禽养殖项目尤为不利。其次，由于受到金融危机的影响，金融机构对贷款的审核条件愈加严格，审查周期变长，企业融资难度进一步加大。尤其是国外金融机构的贷款，原来2～3个月可申办下来，现在至少需半年甚至更长的时间，审核到最后还可能贷不到款。从2008年三、四季度开始，国内金融机构贷款的申办周期也延长了1～2个月。资金是企业正常运作不可或缺的一项要素投入，贷款周期延长或贷不到款，不论是固定资金还是流动资金，都直接影响到企业的正常生产经营，进而延误良好的投资时机，对企业经营极为不利。

## （三）市场消费信心不足，消费能力下降

一是全球性金融危机加重了人们的储蓄欲望、抑制消费。受传统文化和消费习惯的影响，我国老百姓一直都有高储蓄的倾向。随着金融危机影响的深入，消费者出于对经济不确定性和市场大幅滑坡的担忧，产生了明显的预防性持币动机，导致市场消费信心下挫，购买力明显不足。二是金融危机影响就业数量和就业结构，进而影响鸡蛋的消费数量和结构。随着经济增长速度放缓，企业效益下滑，有些企业出现了裁员，尤其是东南沿海外出务工人员的大量减少，使北蛋南运的比例随之下降。务工人员集中的商品性消费转变为分散的自给性消费。另外，务工人员失业比例有所上升，收入下降，也对消费有明显抑制作用。

## （四）鲜蛋保存期限较短，企业不得不降价促销

消费不旺，价格下降，导致企业销量下降、库存积压。但鸡蛋不宜长期存放，企业为降低库存，保证稳定的销量，只能采取降价促销的办法。调查发现，有的企业之前是以 0.8 元/枚的价格售出全部鸡蛋，现在为刺激消费，只能以此价格出售部分鸡蛋，另有少部分产品则需通过买送活动，变相降价出售。原料价格上涨快于市场价格，以使企业微利经营，再降低售价，则使企业只能在盈亏平衡点上维持基础出现亏损。长此以往，将严重影响企业的长期发展。

## （五）对不同规模的企业，影响程度存在差别

此次金融危机，对于小型蛋鸡养殖企业、特别是那些规模小、产能低、靠当地销售产品的企业，影响比较小。因为饲料成本在这些企业中占据了总成本的 80％以上，所以饲料的降价大大拓展了他们的赢利空间。但对于集约化经营的大规模蛋鸡企业，影响相对较大，此类企业靠品牌、优质、高价位赢利，而且

饲料成本只占到总成本的60%左右，在金融危机形势下，居民购买力下降，直接影响了企业效益。而对于种鸡养殖企业目前看影响不大或有正面影响。一方面由于2008年第四季度三聚氰胺和禽流感事件的发生造成很多蛋鸡养殖场提前淘汰鸡群，蛋鸡空栏现象严重，2009年春季正是补栏的旺季，种鸡企业没有销售的压力；另一方面，金融危机造成人民币升值，种鸡企业引种成本相对降低。

总之，在金融危机中受冲击比较大的是对资金依赖程度较高的企业。金融危机可能在一定程度上延缓蛋鸡现代化发展进程。

## 三、企业的应对措施

根据调研对象的反映，面对金融危机的影响，多数企业也在根据各自的处境和特点，积极采取应对措施，以降低金融危机的不利影响。

### （一）加强企业内部管理，尽可能降低生产成本

加强企业自身的管理水平，搞好企业运营，提高管理效率，降低管理成本，同时提高对环境和鸡场问题的敏锐度。如石家庄华牧牧业有限责任公司在企业内部开展“节能增效、鼓励创新”活动，从自己做起、从身边做起，从一点一滴做起，降低资源消耗，尽量减少日常生产过程中不必要的费用消耗，为企业节约成本。在人工成本方面，不同规模的企业，对应措施也有所不同。行业内领先的大企业不但没有裁员，反而在此时招兵买马，聚拢人气，引进高素质的人力资本；而一些中小型蛋鸡养殖企业，自身已无力抵抗金融危机的冲击，面临财务困境，只能依靠裁员（主要是临时雇工减少），进一步降低成本，维持企业运转。

## （二）积极稳妥的开发市场，拓宽销售渠道，提高市场占有率

规模较大的龙头企业坚持走品牌发展道路，严把质量安全关，搞好售后服务和技术指导，做大做强产品品牌。如安徽荣达禽业开发有限公司从公司自身产品销售角度考虑，适当加大产品直销比例，真正做到直销和经销商销售“两手抓、两手硬”。巩固原有市场和客户的同时，积极开拓新兴市场，开发新市场、新客户，力求早日把产品打入国际市场。努力探索多元化、多层次产品结构，积极开拓产品种类，适当加大现有的饲料、兽药产业发展，加快蛋品深加工和淘汰鸡的深加工项目建设，延伸蛋鸡产业链。加强宣传，改进营销策略，提高市场占有率。如北京市华都峪口禽业有限责任公司，在企业内部始终坚持“4A 级”生产标准，免费为客户提供蛋鸡养殖技术指导和疫病防治服务，在行业内树立优质品牌，以此占领更多的市场，2009 年第一季度与去年同期相比，父母代和商品代雏鸡的销售量不但没有减少，反而增加了 470 万只。

## （三）创新经营模式，分散经营风险

由于在土地和资金方面受限严重，企业依靠经营模式创新，寻找出路。如有些企业通过“产权式”的利益联结方式，引导农民在自愿有偿的原则下，以土地、自有资金等形式入股，与企业形成利益共同体，企业在扩大规模的同时，也为农民带来了实惠。而且，农民成为企业员工，还可赚取劳动收入，当然也会有一定的风险，需要提前防范。因为按照股份制的原则，农民入股的土地和资金也必须承担相应的风险，万一经营失败，对农民而言此种收益方式的风险较大，必须提前防范。

## （四）调整生产计划，合理安排鸡群结构

面对目前消费水平较低，购买力下降的形势，积极筹划周转

计划。销售市场较小的地区或企业提前淘汰日龄较大的鸡群，推迟进雏计划，有步骤的较少蛋鸡饲养量，等待市场复苏。

## 四、政策建议

通过调查发现，全面提升我国蛋鸡产业的发展任重道远。就目前而言，为应对金融危机的影响，推动我国蛋鸡产业健康有序发展，提出以下几点政策建议：

### （一）加大对蛋鸡企业的扶持力度，缓解企业融资难的问题

针对企业缺少贷款抵押，融资周期较长等问题，政府应提供有针对性的财政支持，帮助企业渡过难关，应对金融风暴的冲击。①提高对蛋鸡企业的贴息贷款幅度和范围。②通过补贴担保公司，低价为蛋鸡企业提供担保；鼓励和支持以本行业领头企业为核心成立担保公司，为养鸡农民提供专业金融服务。③成立蛋鸡企业融资贷款扶持基金，为蛋鸡产业发展提供长远稳定的资金支持。④针对不同规模的蛋鸡养殖企业，出台相应的融资扶持政策，改变蛋鸡养殖业只能靠自身滚雪球式和民间借贷式发展的现状。2009 年中央一号文件要求增加畜禽标准化规模养殖场（小区）项目投资，加大信贷支持力度，落实养殖场用地等政策。然而，对大型规模化、现代化蛋鸡养殖企业的支持力度较弱。这类企业还处于发展的初期，也需要政府的大力扶持。关键是要把这些政策落到实处，制定相应的实施细则与办法，扩大受益面，针对养殖大户、养殖小区、农民专业合作社和龙头企业的不同规模和需求制定具体扶持措施。

### （二）确定行业基本准入门槛，落实入市前的检验检疫制度

一是制定蛋鸡产业国家标准，确定基本的市场准入门槛。应遵循强制性和现实可操作性的原则，制定了标准及市场准入制

度，更要严格执行。不过，对蛋鸡产业的改造和提升，也必须立足现有条件和资源，有计划分步骤的向理想状态靠拢。二是实行行业准入制度，更准确地掌握企业数量和产量，保障行业的整体利益。行业准入制度首先从种鸡企业抓起，严格控制祖代的数量和规模，对申报数量和出售父母代数量不吻合（主要指超指标）的企业加重处罚，甚至取消资格。如果疾病净化较好，还要鼓励对祖代鸡进行强制换羽，但数量要包括在申报范围内。为了增加农民的收入，对其他行业进入蛋鸡养殖业要有有力的调控手段。三是要充分发挥质量监管部门的监督检查职能，严格检查程序，加强监管力度；并在各类销售终端设立检验检疫部门，杜绝不合格标准的鸡蛋进入市场。

### （三）鼓励和引导农民成立蛋鸡养殖合作社，推动蛋鸡的规模化、专业化养殖

蛋鸡养殖合作社是解决蛋鸡行业目前困境的一种有效手段，发达国家的发展历程已经充分证明了这一点。随着城市化进程的加快和市场准入制度的实行，中小散户的鸡蛋直接进入市场的比例将逐步降低，经过鸡蛋加工企业的加工、处理、包装进入的份额逐步上升，如此在市场供给上就会逐步形成类似牛奶销售的局面，龙头企业负责市场的风险，养殖户只承担养殖的风险。市场一旦形成这种格局，龙头企业或合作社就会规范养殖户的品种、规模和质量，实现市场的有序发展，推动蛋鸡养殖走向适度的规模化和自动化。由于我国的农民合作社刚刚起步，所以政府必须加大扶持力度和规范力度，如对符合要求蛋鸡养殖合作社给予直接补贴等。

### （四）充分发挥政府宏观调控职能，降低行业风险

制定有利于蛋鸡行业发展的相关政策，进行宏观调控。①制定蛋鸡行业发展规划，明确政府财政补贴的方向和重点，同时对

行业的生产总量进行监测与控制，保证供求均衡。②实行价格补贴，维持蛋鸡产业链价格体系的稳定。加大对主要饲料原料玉米、大豆等农作物的补贴，从根本上解决饲料原料成本高的问题，降低外部经济环境造成的价格大起大落，保证蛋鸡企业获得正常的利润空间。③尽快出台蛋鸡保险政策，落实畜禽养殖保险业务，减少蛋鸡行业受到不可控因素的影响，降低行业风险，确保养殖生产平稳进行。④建立全行业从业者统一的档案数据库系统，加快蛋鸡行业信息化建设，实现全国蛋鸡产品价格和原料以及其他生产资源价格的跟踪、报告和管理，准确预报价格趋势，以及在此基础上的产品行情预报。⑤建立疫病疫情动态的数据监测系统，在第一时间以最快速度确定疫情发生点，进行迅捷有效的疫情控制，把传染病的危害降到最低。通过以上措施，逐步实现蛋鸡产业的一体化、有序化发展。

### （五）对于有实力、大规模的蛋鸡生产企业给予必要的政策倾斜

我国目前蛋鸡产业的发展比国外先进水平还存在很大的差距，这次金融危机是危机也是机遇，将进一步促使行业洗牌，淘汰些产能低、规模小、管理粗放落后的制约行业整体发展的小企业。为此建议国家参照钢铁产业的发展模式，对于有议价能力、规模大、管理先进的企业给予必要的政策倾斜，引导有实力的大企业进行兼并重组，全面整合蛋鸡产业结构，在我国试点建立3～5个蛋鸡产业集团，并在资金、政策、科技等方面重点扶持，建立自己的民族品牌，参与国际竞争，开拓国际市场。

### （六）加大投入，推动国内优良种鸡资源研发体系的建立和完善

针对目前国内蛋鸡品种长期依赖进口，种源权受国外企业控制的现状，我国应加大对种禽良种繁育基地建设的投入力度，尽

快推动我国种鸡资源自主研发体系的建立和完善。调研反馈中，山东郓城昌隆种禽公司、陕西大匠农科产业有限公司等多家蛋鸡企业积极呼吁中央和地方政府加大对国产优良蛋鸡品种的育种、推广、养殖的支持力度，扶持国内优良品种产业规模的迅速扩大。建立和完善优良种鸡资源的自主研发体系，不仅可以降低蛋鸡养殖企业的养殖成本，同时有利于增强我国蛋鸡企业的自主能力，增强抵御国际金融危机和国际流通市场波动的不利影响。

# 蛋鸡产业链上游的成本效益分析*

## ——基于邯郸综合试验站以及蛋鸡农户的调查

杨东群　李先德　钟钰　赵明

（中国农业科学院农业经济与发展研究所，北京 100081）

中国蛋鸡产业在发展过程中，经历了市场的重重考验，原料涨价、市场波动、食品安全事件、疫病频发等威胁依然随时可能发生。蛋鸡产业具有产业链上下游高度关联的特点，种苗繁育、蛋鸡养殖、蛋品销售等任何一个环节出现问题，都会导致整个产业链条连接不畅，造成重大影响。因此，有必要从产业链视角，详细分析蛋鸡产业各环节的实际情况，找出问题，提出对策和建议。为此，2009 年 11 月初国家蛋鸡产业技术体系产业经济研究室有关人员，调查了河北邯郸综合试验站和典型蛋鸡农户的生产经营情况。河北省是我国的鸡蛋主产省，该省内有种禽繁育规模居全国第二的邯郸综合试验站，该站的父母代蛋种鸡繁育和鸡雏孵化经营情况是华北地区典型代表之一。

* 本调研报告得到“国家蛋鸡产业技术体系建设专项经费”资助。

## 一、调研结果

### （一）父母代蛋种鸡的成本收益情况

在父母代蛋种鸡繁育阶段，父母代蛋种鸡的成本包括：蛋种鸡雏进价、饲料费、防疫费、药费、人工成本、固定设备费、水电燃料费、房舍租金等。核算结果是在一个成长周期（按 450 天计算），平均一只父母代蛋种鸡的总成本是 123.6 元，可获得的收入是 123.9 元，因此，每只父母代蛋种鸡利润是 0.3 元。目前邯郸综合试验站有父母代蛋种鸡 75 万套，按现有成本收益情况，年利润约 20.7 万元，可以说是利润微乎其微。

### （二）商品代雏鸡的成本收益情况

雏鸡孵化成本包括种蛋、水电、人工、房舍租金、运销费、运输损失等。核算结果是孵化一只商品代雏鸡总成本为 2.35 元，平均每销售一只母雏鸡，约获得收入 2.6 元。因此，每销售一只母雏鸡的利润是 0.25 元。邯郸综合试验站年雏鸡销售约 3 600 万套，可获利润约 900 多万元。

### （三）商品蛋鸡农户的成本收益情况

商品蛋鸡养殖户在一个 450 天的养殖周期内，每只鸡的成本投入约为 105.65 元，销售收入约为 126.5 元，利润为每只 20.85 元。一年养殖一万只蛋鸡，蛋鸡养殖户获得利润 20 多万元。

在调研过程中我们感觉到：第一，在蛋鸡产业链上游环节，饲料占总成本的比例在 85%以上，饲料是保证赢利的关键因素。第二，越是居蛋鸡产业链上游环节利润率越低。父母代蛋种鸡、商品代雏鸡和商品蛋鸡的销售利润率分别为 0.2%、9.7%和 16.5%。据邯郸综合试验站有关人员介绍，一直是祖代蛋种鸡繁育赔钱，父母代蛋种鸡不赚钱或微利，靠雏鸡经营以及饲料厂经营弥补上两个环节的损失。

## 二、问题分析

以一户或几户为单位的小规模蛋鸡饲料生产缺乏标准化管理，饲料质量难以保证，影响蛋鸡产业的健康发展。邯郸综合试验站和商品蛋鸡农户所需饲料分别来自其自有饲料厂。邯郸综合试验站选用高质原料加工饲料，并进行质量安全检测。而蛋鸡农户饲料生产设备设施简陋，饲料质量和安全性无人监督。在饲料原料价格持续上涨的情况下，农户倾向于使用低质低价原料生产饲料，降低了蛋鸡养殖成本，鸡蛋质量难以得到保证。邯郸综合试验站以及蛋鸡养殖农户在经营过程中遇到的主要问题有以下几个方面。

### （一）国家对蛋鸡产业的临时性扶持政策，有时会产生负面影响

为了提高我国祖代蛋鸡的数量，2008 年国家对祖代蛋鸡进口给予每套 100 元补贴，以及全额贷款贴息政策。这些政策确实调动了邯郸综合试验站进口祖代蛋鸡的积极性，但是由于祖代蛋鸡进口数量的增加，造成蛋鸡产业链的父母代、商品代蛋鸡以及鸡蛋产量大增，再加上饲料价格上涨，导致邯郸综合试验站的父母代蛋鸡经营亏损，政府贴给企业的利息不足以弥补亏损，最终造成市场波动，以及农民、企业和国家经济损失。

### （二）有些地方畜牧局擅自对雏鸡运输车辆征收罚款

邯郸综合试验站的雏鸡销售全部通过货车直接运往客户所在地。运送半径超过 1 800 公里，销售网络遍布全国 30 多个省市，100 多个销售网点。邯郸综合试验站的货车运送雏鸡前已经由公

司所在地的畜牧局开具了检疫票，办理了完整的检疫手续，以备客户所在地的畜牧检疫部门检查，但当地有些畜牧管理人员有时不做检查，就以鸡雏数量与检疫票中的数量不符等理由对货车实行罚款。这无形中加大了鸡雏运输成本，也损坏了地方政府作为服务型政府的形象。

### （三）商品蛋鸡农户补贴范围太小

目前河北省对蛋鸡农户实行的补贴政策主要是蛋鸡标准化规模养殖场改造以奖代补项目。补贴对象是具有 1 万～5 万只存栏规模条件的蛋鸡养殖场（户），并要求蛋鸡养殖场（户）对鸡舍进行标准化建设，对粪污处理设施以及水、电、路、防疫等配套设施进行改造，达到《蛋鸡标准化规模养殖场（小区）建设规范》要求。能够获得这一补贴的蛋鸡农户十分有限，不到农户蛋鸡养殖户的 1%。大多数农户即使按照国家的养殖场标准发展蛋鸡养殖，也不完全能获得这项补贴。

### （四）蛋鸡疫苗质量难以保证，给蛋鸡养殖造成后患

据蛋鸡养殖户反映，目前市场上销售的一些疫苗质量欠佳，不能有效预防疾病发生。因此，有些蛋鸡养殖户索性不购买疫苗，按照传统方法饲养，一旦发生疾病，蛋鸡养殖收入减少，并有可能造成更大范围的疾病蔓延。

### （五）资金筹措困难

蛋鸡养殖在前 150 天完全是投入期，每只鸡投入成本约 40 元，本室所调查的养鸡户 1 万只鸡先后分两批饲养，第一批养 4 000 只，第二批养 6 000 只，这样第一批蛋鸡的先期投入也至少是 16 万元。没有地方政府或农民贷款担保协会作担保，普通蛋鸡户基本上无法获得银行贷款，只能向亲戚借款或用高利贷。所调查的蛋鸡农户特别期望能贷款 10 万元用于资金周转以及设

备更新。

### （六）疫病风险是蛋鸡产业最大的不可预见因素

蛋鸡发生疫病的原因很多，而目前蛋鸡养殖户控制和预见疫病的能力非常有限。鸡一旦得病，就是大范围发生，此时不仅需要大笔额外的治疗费用，还会1～2个月不产蛋，甚至会大批处理掉。这一周期的蛋鸡经营就会立刻从预期的微利变为现实亏损，规模越大，亏损越多。

## 三、政策建议

### （一）加大对蛋鸡养殖户的政策支持

扩大蛋鸡标准化规模养殖场改造以奖代补项目的实施范围，让全国更多农户能够享受这一政策。这样做有利于加快提高我国蛋鸡养殖业的总体养殖水平，改善生态环境，为提高我国鸡蛋的质量和安全性打下更好的基础。

### （二）加强管理监督，规范检疫收费

严令规范地方畜牧局检疫收费行为，对违规的个人及其单位负责人严厉查处。加强地方畜牧局财务审计，重点检查检疫费是否按规定上缴，是否存在违规收取和支配检疫费的现象等。对在审计过程中发现有财务混乱现象的，追究相关部门责任人的责任。各级财政、畜牧部门要加强合作，不定期开展动物检疫收费检查，加强管理，堵塞动物检疫收费漏洞，防止检疫费流失。

### （三）强化禽类疫苗质量监管，严肃处理销售假劣疫苗的不法行为

加大对兽药生产企业的监管力度，完善兽药管理法规。严肃处理以区域试验为借口生产、销售禽类假劣疫苗以及药品的违法

现象。强化产品批签发、飞行检查和监督抽检等措施。

### （四）摸索建立蛋鸡养殖风险补偿机制

蛋鸡产业具有经营风险大，投入多，筹资难的特点。也正是由于这些特点，导致鸡蛋市场价格波动大，农户进出蛋鸡行业变化快，并且形成了恶性循环。鸡蛋已经成为民生必需品，政府应该向保护促进粮食产业一样，为保证蛋鸡行业养殖数量和鸡蛋产量和质量的稳定，试点实行蛋鸡养殖政策性保险补贴。

# 鸡蛋市场价格形成与传导过程调查*

## ——基于天津市场调查

钟钰　杨东群

（中国农业科学院农业经济与研究所）

受三聚氰胺事件影响，2008 年国内鸡蛋价格一直在低价位徘徊，养殖户积极性受挫，导致蛋鸡养殖业行情急剧下滑，形成了市场需求清淡、蛋贱伤农局势。2009 年禽流感事件得到控制后，受蛋鸡补栏率低、市场需求增加的影响，致使鸡蛋价格稳中略升。但鸡蛋生产依然是在高成本低效益下运行的，许多从事蛋鸡养殖的养鸡户难以支撑。

准确掌握鸡蛋的市场价格形成、传导机制、价格变动原因以及价格过程中各环节利益分配，对于采取合理有效的宏观政策来稳定鸡蛋价格、确保经济平稳发展非常重要。基于此，国家蛋鸡产业技术体系产业经济研究室采取全程跟踪的方法对鸡蛋的生产、流通、销售等各环节进行实地调查，重点了解各环节的购销价格、成本及收益等。10 月底，本室对天津市鸡蛋生产及行业经营状况和经济效益进行调查了解，现就当前鸡蛋养殖效益状况与其各相关环节的成本收益进行具体分析探讨。

* 本调研报告得到“国家蛋鸡产业技术体系建设专项经费”资助。

## 一、调查方案

鸡蛋产销过程中，市场价格传导主要经过三个环节，即生产、批发和终端销售，这三个环节的行为主体分别为养殖场（农民）、批发商和零售商（超市）。为了解各环节的价格变化和收益分配，我们重点对上述三类行为主体进行调查分析。根据不同调查对象，设计调查方案和问题，理清各环节成本、收益和利润。按生产→收购→运输→批发→零售等环节进行全程跟踪，以访谈、座谈、市场询价等相结合的方法开展调查，追踪蛋鸡产品流和价格流。

养殖主体——天津综合试验站（依托天津市团泊湖养鸡场[①]），调查了养殖场的蛋鸡养殖成本和收入，包括鸡苗购入费、饲料投入、防疫费用、水电燃料费、鸡舍折旧和维修费、人工成本、鸡舍租金、死亡损失以及蛋鸡雏中不可避免出现公鸡带来的亏损。

批发主体——天津王兰庄批发市场中的鸡蛋批发商[②]，调查了鸡蛋批销流程、成本与利润构成、价格变动后的利益分配及价格变动的主要原因。

零售主体——体北菜市场、友谊菜市场[③]和大润发超市[④]。调查了鸡蛋零售过程中成本与利润情况以及鸡蛋市场行情。

---

① 团泊湖养鸡场是天津市菜篮子基地，2007 年被确定为天津市无公害畜产品产地，每年为天津市民提供优质鲜蛋 2 000 多吨。现有蛋鸡笼位 16 万只，以饲养国内培育蛋鸡优良品种为主。现饲养的蛋鸡品种为中国农业大学培育、具有我国自主知识产权的农大三号粉节粮型矮小蛋鸡。

② 王兰庄批发市场位于天津市西青区，主要经营食品、烟酒、肉禽蛋、水产品、蔬菜。在该批发市场，课题组主要调查了顺发鲜蛋批发店、冀发鲜蛋批发部、山西刘禽蛋批发店和蓟县鲜蛋直销店。

③ 体北菜市场、友谊菜市场位于天津市西青区。

④ 大润发超市位于天津市河西区。

## 二、产销链条上的成本收益分配

### （一）生产环节

根据蛋鸡饲养周期的（500 天）产蛋情况，可以把整个周期划分为两个阶段：即蛋鸡生长期和蛋鸡产蛋期。

**1. 蛋鸡生长期。**生长期大约 150 天，该期间纯粹是投入阶段。购买的鸡雏为中国农大三号，由孵化方以 3.2 元/只送货上门；消耗饲料大约 6.5 千克，饲料均价 1.2 元/500 克，合计成本 14.4 元；生长期内鸡雏死亡概率为 4%，折算到每只成本 0.17 元；鸡雏中出现公鸡概率 1.5%～2%，70 多天时能卖 6～7 元，实际饲养一只公鸡略有亏损，折算到每只蛋鸡上成本 0.06 元/只。

另外，据养殖技术人员透露，如饲养普通蛋鸡成本要接近 30 元/只，主要因为普通蛋鸡耗粮多，要消耗饲料 9.5 千克左右。

**表 1　蛋鸡生长期成本投入**

单位：元/只、%

| 项　目 | 金　额 | 份　额 |
|---|---|---|
| 鸡雏进价 | 3.2 | 14.20 |
| 饲料费用 | 14.4 | 63.91 |
| 防疫药费 | 1 | 4.44 |
| 人工成本 | 2 | 8.88 |
| 固定设备 | 0 | 0.00 |
| 水电燃料 | 1.2 | 5.33 |
| 房舍租金 | 0.5 | 2.22 |
| 死亡损失 | 0.17 | 0.75 |
| 公鸡出现 | 0.06 | 0.27 |
| 总 成 本 | 22.35 | — |

**2. 蛋鸡产蛋期。**产蛋期主要集中在饲养的 150～500 天内，产蛋约 13 千克。消耗饲料大约 27.5 千克（日均 85～90 克），饲料均价 1.2 元/500 克，合计成本 60 元；防疫药费比生长期时略有下降，担心防疫过多影响产蛋量，认为防疫不能太频。产蛋期死亡损失费用要高于生长期的死亡损失，因为此时蛋鸡如发生死亡，就实实在在意味着鸡蛋产量缩减。

一只蛋鸡的总收入大约 100.4 元，13 千克鸡蛋收入 88.4（均价 3.4 元/500 克，略高于普通鸡蛋），淘汰蛋鸡收入 11 元（淘汰鸡约 1.5 千克重，鸡肉均价 3.5 元/500 克）。从表 1、表 2 可见，一只蛋鸡平均利润为 12.81 元（100.4－65.06－22.35）；如果仅仅看鸡蛋成本收益，则其利润更低。

**表 2　蛋鸡产蛋期成本投入**

单位：元/只、%

| 项　目 | 金　额 | 份　额 |
|---|---|---|
| 总成本 | 65.06 | — |
| 饲料费用 | 60 | 92.22 |
| 防疫药费 | 0.5 | 0.77 |
| 死亡损失 | 0.5 | 0.77 |
| 人工成本 | 2.6 | 4.00 |
| 固定设备 | 0 | 0.00 |
| 水电燃料 | 0.46 | 0.71 |
| 房舍租金 | 1 | 1.54 |
| 总收入 | 100.4 | — |
| 鸡蛋 | 88.4 | 88.05 |
| 淘汰蛋鸡 | 11 | 10.96 |
| 鸡粪 | 1 | 1.00 |
| 总利润 | 12.81 | — |

## （二）批发收购环节

鸡蛋批发商的经营形式是从养鸡户或鸡蛋主产地直接收购鸡蛋，然后再送给购销门店，每运输一箱鸡蛋（20千克/箱）的差价是2～3元，期间发生的费用主要包括市区运费、装卸费用、损耗和房租等。扣除各种费用，每箱鸡蛋利润大约1～2元。

**表3　鸡蛋批发商成本投入**

单位：元/箱

| 项　目 | 金　额 |
| --- | --- |
| 购入价格 | 120 |
| 市区运费 | 1 |
| 装卸费用 | 0 |
| 鸡蛋损耗 | 0 |
| 房屋租金 | 0.2 |
| 出售价格 | 123 |
| 平均利润 | 1.8 |

注：购入价格呈“此消彼长”状态，如从天津蓟县进货，路途较近，蛋价为117～118元/箱；如从辽宁锦州进货，虽路途较近，蛋价为114元/箱。装卸鸡蛋多为自家用工，且几乎每家批发店都多种经营，所以很难从中分离鸡蛋的用工成本。通常每箱鸡蛋损耗为100克，如损耗少与250克/箱，按行业惯例不予补偿。

## （三）超市零售环节

零售环节存在两个不同类型的主体：即超市和菜市场零售商。超市鸡蛋平价销售，没有毛利，再扣除销售包装[①]、应缴税和鸡蛋的破损，销售上要做“亏本买卖”。超市利用鸡蛋平价销

① 包括：塑料袋0.1元/个、价格标签0.05元/个、人工0.04元/500克、损耗0.08元/500克和灭蝇蚊、消毒费用以及装报废蛋的袋子；至于税点、进场费等超市方不予透露。

售造成的抢购热潮，来提高其他商品出售率。鸡蛋是家庭必需的副食品，推行“平价鸡蛋”能拉近超市与百姓距离，带动整个销售。现在以平价销售鸡蛋的超市越来越多，由原来的省市扩展到现在的小乡镇，如果长期发展下去，我国蛋鸡产业会受到一定影响。

菜市场里的鸡蛋购销门店（摊位）是鸡蛋流通渠道的重要环节，利用零售门店发挥收集、发放吞吐功能来实现鸡蛋产品的内销外运。禽蛋购销门店相当于一个中转站，每购销 500 克鸡蛋要获取 0.1～0.2 元利润。从表 4 看出，扣除损耗、人工、摊位等费用，每 500 克鸡蛋平均利润为大约为 0.15 元。

**表 4　鸡蛋零售商成本投入**

单位：元/500 克

| 项　　目 | 金　额 |
|---|---|
| 购入价格 | 3.1 |
| 装卸费用 | 0 |
| 鸡蛋损耗 | 0.04 |
| 摊位费用 | 0.1 |
| 人工成本 | 0.01 |
| 出售单价 | 3.4 |
| 平均利润 | 0.15 |

注：零售商经常自装卸或与送货商共同装卸，所以装卸费用不计；零售不同于批发，这时损耗要考虑，主要是蛋白质损耗减重和破壳；卫生、水电等各种费用都包含在摊位费中，每个摊位租金 500 元/月。

## 三、主要问题

通过上述分析计算，一只蛋鸡一个饲养周期虽然有 12.81 元的利润，但是一年半的经营时间对于养鸡户来说，实在偏低。调研中，养殖基地负责人还讲述了蛋鸡行业面临的其他一些棘手问题。

**1. 缺乏防疫卫生设施。**疾病是近年来养鸡效益持续下降的主要原因，尤其我国农村养殖户、饲养密集、品种繁杂、引种分散，而且鸡龄大小不一，导致频繁发病，交叉感染，难以控制，造成农村养鸡产蛋期死淘率非常高。

**2. 准入门槛低造成环境破坏。**养鸡业取得巨大成绩的同时，环境污染问题也接踵而至，鸡粪就是养鸡场的主要废弃物。鸡粪散发的氨和硫化氢等恶臭气体，使产蛋鸡患有呼吸道疾病，个别鸡场的产蛋率只有正常鸡场的30%。由于鸡场环境差，鸡群疾病蔓延，少数鸡场蛋鸡的全程死亡率高达1/3，严重影响了鸡场经济效益。从长远看，养殖业的健康发展必须践行科学发展观，保护生态环境。

**3. 蛋鸡行业产能过剩。**2008年我国大量引进祖代蛋种鸡，造成2009年父母代种鸡的供应量大大增加，并且远远超过前几年的供应量。大量的父母代种鸡又会提供更多的种蛋和鸡苗，这就导致2009年较长一段时间内鸡蛋市场持续低迷。

## 四、政策建议

**1. 出台蛋鸡政策性保险。**养殖户（企业）对于常规性和突发性的流行疾病难以进行有效的预防和控制，甚至带来重大损失，一旦遭灾，几乎无力恢复再生产，建议制订针对蛋鸡养殖的政策性保险。

**2. 鼓励规模科学养殖。**我国大部分农村地区仍是一家一户分散饲养，饲养技术、管理方式等都相对落后，使生态环境恶化，只有实现规模适度化，才能获得最大经济效益。通过采取出台优惠政策、加强技术指导、提供周到服务等措施，积极鼓励引导群众发展规模化、标准化的蛋鸡养殖。

**3. 加强对蛋鸡的动态监测预警。**鸡蛋属于鲜货，保质期短，耐储性差，生产者生产出的鸡蛋短时间内必须卖出；另一方面，鸡蛋不同于粮油，消费者不会过量采购储存。因此，建立农产品市场监测预警体系十分迫切。定期组织鸡蛋批销大户进行市场监测、分析价格行情走势、商讨稳定市场供应措施，鼓励和支持他们配合政府做好应急保供以及行业内部互剂互助等活动，形成社会监测保供网络体系。

# 不同养殖方式下蛋鸡质量安全控制调研报告*

## ——以四川蛋鸡养殖企业、养殖场、养殖户的调研为例

薛莉　赵一夫

（中国农业科学院农业经济与发展研究所，北京 100081）

2009 年 10 月 12～16 日，国家蛋鸡产业技术体系产业经济功能研究室质量安全研究小组赴四川省成都市和绵阳市，对绵阳综合试验站、成都市家禽产业协会以及彭州市万家社区蛋鸡养殖户进行了走访调研，重点了解了不同养殖规模和饲养模式下，蛋鸡生产的质量安全防控措施及其效果。

## 一、大规模现代化养殖企业调研

对规模化养殖企业的调研主要选取了绵阳综合试验站所依托的四川圣迪乐村生态食品有限公司。圣迪乐村生态食品有限公司成立于 2001 年 7 月，是四川铁骑力士集团食品事业部的核心。注册资本 3 500 万元，资产 1.5 亿元，年销售营业额 2.5 亿元。现有员工 400 余人，拥有存栏种鸡 15 万只，存栏蛋鸡 275 万只，产蛋量 4 000 多吨。该公司主要从事禽业、高品质鸡蛋及其蛋制

* 本报告得到“国家蛋鸡产业技术体系建设专项经费”资助。

品的开发、生产和销售。目前，在四川梓潼和邛崃、江西丰城、湖北襄樊建有生产基地。圣迪乐公司在全国蛋品行业中率先通过HACCP 食品安全体系认证和 ISO9001 质量管理体系认证，并参与制定国家安全蛋品标准和“中国与加拿大蛋品安全示范”合作项目。公司生产的所有蛋品均符合国家安全食品标准，分别通过了国家无公害食品、绿色食品、有机食品认证，圣迪乐鸡蛋还被农业部评为向 2008 北京奥组委的唯一推荐产品。

圣迪乐公司创业之初即确立了“用科技造福大众，把真情还给人民，造健康安全食品”的经营宗旨，把产品质量视为生命，形成了从土地到餐桌全过程的质量控制体系。

### （一）企业的生产质量控制体系

**1. 建立“七统一”的安全生产体系。**从养殖环境、蛋鸡选种、粮食选购、卫生防疫、饲养管理、成品销售等各环节层层把关，制定了相应的安全标准，形成了“七个统一”的安全生产体系，即：统一环境规划和监测、统一优质鸡苗供应、统一组织生物防疫、统一提供绿色饲料、统一饲养管理程序、统一产品生产标准、统一品牌销售，真正实现了蛋品生产从源头至餐桌的安全性。并在生产实践中总结出一套蛋品生产的安全生产流程。

**2. 配合质检部门做好检验检测。**投资数百万元建立化验室，对最终成品质量进行检验。化验室每天监控常规指标，定期例行检验，确保每批产品合格才放行。此外，公司还与省、市两级质量技术监督局签订了检验协议，定期对产品进行抽样检验，校对公司检验数据；按照绿色食品监督管理规定，接受农业部食品质量监督检验机构的定期监督检验。公司创建 8 年来，产品在各种级别、各种形式的检验中均达合格。

**3. 对不合格品进行有效控制。**拒绝接收使用 A 类不合格原材料；B 类原材料不合格时，按照不合格品处理方式处理。让步和降级必须有技术部门的处理方案并经报批后才能执行，以免影响产品质量。必要时组织召开不合格品评审会议，商定处理办法。过程检验、成品检验中发现的不合格品，及时进行隔离，并做好标识，由品管部门根据不合格类型及程度做出处置决定。

**4. 严格执行各项质量控制规程。**按照 HACCP 和 ISO9001 标准的要求，公司建立了各项制度规程，配备了完善的记录表格，对整个产品实现过程及关键控制点进行记录，每天进行质量分析，每月整理形成质量目标完成情况报表，每季度进行质量发展趋势分析，半年进行内部质量审核，年度管理评审，将存在的问题以《质量信息反馈单》、《纠正和预防措施单》、《质量改进计划》等形式通知责任部门改进，促进公司质量管理工作水平的提升。

## （二）蛋品质量安全的六个“控制点”

圣迪乐公司针对蛋鸡养殖和蛋品生产流通中可能影响蛋品质量安全的六个环节形成六个“控制点”。调研了解到，企业根据对产品整个形成过程及影响因素进行物理、化学、生物方面的危害分析得出，饲料原料的质量和免疫防疫工作是其中的两个最关键的环节。

**1. 鸡苗。**①自由种鸡厂，质量有保证。集团自有的种鸡厂实现了谱系追踪，能够控制鸡苗质量，防止疫病的进化。②同厂引种，减少疫病防控点。不同种鸡厂的鸡苗自身携带的病不完全相同，若从不同种鸡厂引种，容易导致交叉传染，增加疫病的种类。

**2. 饲料。**①自有饲料厂，拥有 16 年的生产经验，技术成熟，管理先进，产品被列为国家首批免检产品，确保提供优质、安全的饲料。②自己掌握饲料配方，而且，饲料厂不仅要为集团内部的蛋鸡养殖场服务，同时还要参与市场竞争，无形中提高了对饲料质量的要求。③饲料质量的控制由集团“冯光德实验室”检测中心承担，所有指标均能检测，且在第一时间完成对苏丹红和三聚氰胺的检测，确保公司饲料安全营养。④根据不同物料对随后产品实现过程及产品输出的影响，对采购的物料进行分类分级管理。所有采购物料到厂后，需由品管员依据《进货检验规范》进行验证，检验合格，方能入库。对于关键性的饲料原料，还定期进行全指标检测和参假检测。

**3. 防疫。**①高度重视防疫工作，不只车辆进出厂区需要进行消毒，对环境和器具也进行定期消毒，并对消毒剂抗药性进行筛选。②设有专职的兽医对药品进行筛选。公司还仿效国家的基本医药目录建立了公司自己的基本药物目录。③每年都对免疫计划进行修订，按计划实施免疫，只有规定的免疫人员才能实施专业化的免疫操作，确保免疫质量。④免疫后还要实施抗体检测（新城疫、禽流感等），掌握鸡只抗体水平，及时对免疫水平低下的鸡只补强。

**4. 饲养。**①自有生产园区，来自四个生产基地，生产过程自控、安全有保障。②建立了标准化的操作体系，制定了标准化的操作手册，不断简化操作程序，饲养管控点都在受控范围内，便于饲养人员遵照执行，也便于管理人员进行监管。③每 5 万只鸡配备 1 名兽医技术人员，严格执行养殖管理规定，如：《饲养卫生消毒管理制度》、《育雏期养殖管理规范》、《育成期养殖管理规范》、《产蛋期养殖管理规范》、《蛋鸡疫病预防规范》、《蛋鸡疾病诊疗规范》。确保防疫制度、饲料兽药的使用、产品批次与型号要求、饲养记录的填写等工作的落实。

**5. 包装。**①建立蛋品质量的可追溯系统。2002 年开始建立 HACCP 系统，在其前提方案中即包含了产品的跟踪与召回；2003 年底、2004 年初，又建立了 ISO9001 认证体系。从雏鸡进场便建立质量档案，在整个生长周期中都由养殖员如实记录重要质量参数（如：温湿度、用料、用药、免疫情况等），通过系列标识，最终转化为蛋品喷印编码（10 位左右的数字和字母组合），将生产信息转移至每一枚鸡蛋，因此，圣迪乐生产的每个鸡蛋都能追溯到是哪一批鸡产的蛋，什么时候产的蛋，鸡只的生长、用药、用料情况、养殖人员、养殖环境、包装人员等信息，确保了质量问题的追溯、调查和改进工作的有效实施。②喷印在蛋品上的墨水直接进口美国“农业部蛋壳分级计划”授权使用的专用蛋壳分级墨水，确保了鸡蛋的安全无污染。③一旦出现问题，通过这种追溯系统，即可发现是由系统性问题导致还是由于个体原因。虽然管理成本略有提高，但同时也提高了管理效率，发现问题能够及时解决，避免造成更大的损失。

**6. 储运。**蛋品运输的两种形式：专有车辆和物流，如何分别进行管理？运输时间应如何安排？蛋品储存的 3 个环节：养殖基地、经销商和销售中心，各环节的温度、环境等因素如何控制？这些问题会直接影响到蛋品质量。公司调配大量的人力、物力、财力对储运环节进行了长时间的跟踪调查，针对不同方式拟定相应的储运方案，保障流通环节的蛋品质量安全。

## 二、中等规模养殖企业和养殖场调研

针对 10 万只以上的养殖类型，重点调研了程度是加强产业协会及其创办经营的龙泉山优质生态鸡养殖园区。

### （一）家禽协会在质量控制和疫病防控方面的举措

成都市家禽产业协会成立于 2005 年 8 月 18 日，是全国首家由政府主管、企业主办、汇集了家禽行业产、供、销以及农业产业化龙头企业和个人会员的非赢利性行业社会组织。目前，拥有会员 2 000 多家，其中：年产 40 万只以上家禽的会员 44 家，年产 10 万只以上的会员 552 家，小型养殖场（户）1 000 多家。协会会员养殖量近 1 亿只，占全市家禽出栏量的 60%左右。

**1. 建设标准化规模养殖场。**家禽产业现代化的基本条件是规模化，协会发动会员中的营销企业、养殖企业在与养殖户建立产销合作关系的同时，引导、带动养殖户扩大养殖规模，推进家禽产业的规模化经营、标准化生产。目前，已在金堂、龙泉、大邑、邛崃大规模流转林果地 10 000 多亩，建立“妇女创业园”“大学生创业园”“残疾人就业园”“下岗再就业园”等带动农民养殖增收的多个养殖园区，并计划在龙泉建设 100 栋禽宿的现代化家禽养殖场。2008 年，成都市家禽规模养殖比例达到 56%，远远高于生猪、羊、肉牛、奶牛的规模养殖比例。

**2. 实行“六统一”的标准化生产。**协会内部实行“六个统一”，即：统一组织供应品种、统一使用饲料、统一进行技术指导和疾病防治、统一按照无公害生产技术规程进行标准化生产、统一协调价格进行收购销售、统一药品使用规范和防疫程序，大大推进了标准化生产水平。2008 年，成都市获得国家认证的无公害禽产品基地 22 个，也高于生猪、羊、肉牛、奶牛的无公害基地认证数。

**3. 建立养殖风险基金。**风险基金通过“合作社＋投入品企业＋养殖户＋销售企业”的合作机制筹措：饲料、兽药、鸡苗企业按销售额的 5%收取，育雏企业每出售雏鸡一只按 0.1 元收取，社员每出售成鸡一只按 0.1 元收取。同时，在合作社年利润中提取 20%作为风险基金。风险基金严格按照经过有关部门审查通过的成都市家禽产业协会风险基金管理使用办法进行使用和管理。该基金建立后，提高了会员抗御风险的能力，在抗御禽流感疫情中发挥了积极作用。

此外，协会正在建设养殖培训中心，其主要功能就是：品种繁育、科研教学、培训、育雏、投入品的管理及发放，这对提高蛋鸡养殖从业者的防疫技术水平和质量安全意识都有积极的推动作用。

### （二）龙泉山优质生态鸡养殖园区的质量安全举措

建立龙泉山优质生态鸡养殖园区是成都市龙泉驿区区政府统

筹城乡发展的一大举措。本着“农户下山、生态上山”的原则，当地政府对龙泉山上的农户实行集中拆迁、定点安置，将流转出的8 000亩林地租给成都市家禽产业协会，发展规模化家禽养殖业。政府出资9 000多万元进行基础设施和养殖设施建设，协会分10年回购。且只需回购鸡舍部分的面积，不足总投资的1/5，其他基础设施全由政府投入。目前，已有16栋鸡舍投入使用，蛋鸡存栏5万多只。

蛋鸡养殖园区的质量安全和防疫措施主要有：①建厂选址充分考虑到防疫及对环境的影响，选择远离主要交通干线和居民的山区，地势高燥，通风向阳；②水、电、路等基础设施完备；③实行封闭管理，人禽分离，集中饲养；④划分功能区和养殖区，各区之间有一定间隔；⑤育雏、育成和蛋鸡舍各鸡舍采用全进全出饲养模式，配套合理；⑥养殖设施设备先进，标准化鸡舍，自动补食、饮水装置，通风、降温和取暖设施齐全；⑦消毒池、消毒室、防疫措施得力；⑧实行标准化生产，“统一”管理，规范操作程序。

## 三、小规模养殖户调研

对小规模养殖户的调研重点选取了四川省彭州市致和镇万家社区蛋鸡养殖户，了解其生产经营及质量安全控制方面的做法。四川省彭州市致和镇万家社区共有农户1 328户，其中，蛋鸡养殖户15户。

### （一）典型分析

以养殖户何坤章、向元翠夫妇为例：

存栏：目前存栏9 000多只，全部都是产蛋鸡。一共2批，一批是450日龄，4 000多只，再养100多天就该淘汰了；一批是190日龄，4 000多只。

环境：分别在两个相邻的非封闭式鸡舍中饲养，砖瓦房，人员可随意进出。

鸡苗：成都牧星禽业有限责任公司的鸡苗。

饲料：以前曾用过自配饲料，目前使用的是正大牌复合饲料，经销商送货上门。购买比自配每吨约贵100元，自配饲料约2 200～2 300元/吨，购买饲料则为2 380元/吨。

消毒：隔几天喷1次消毒液。

防疫：政府免费发放禽流感疫苗，由农户自己负责注射。其余疫苗则由农户根据需要自购。免疫程序采用的是成都牧星禽业有限责任公司的《商品蛋鸡参考免疫程序》。

销售：批发为主、零售较少。主要是经销商上门收购。他们有的是在批发市场有摊位；有的是收购后直接送到附近的食品厂做加工原料，如：银裕食品厂、达利食品厂等。

鸡粪：免费提供给邻里做肥料。

检验：由成都市农业执法大队负责抽检，样本送到成都市农产品检测中心进行检验。基本是每季度送检一次，主要是检查药物残留。

此外，2007年，本村16户蛋鸡养殖户自发成立了“彭州市世跃家禽养殖合作社”，蛋鸡存栏共5万～6万只，主要从事批发。社员进鸡苗的渠道大体相同，但社内并未实行合作购销，鸡苗、饲料等的购买和鸡蛋的销售均由农户根据生产情况自我调控、独立经营。合作社没有对蛋品进行统一的分级包装，也未形成统一的品牌。社员间的联系多止于讨论鸡苗、用药等事宜。

### （二）质量安全及疫病防控方面存在的问题

**1. 小规模农户分散饲养的模式存在诸多安全隐患。**一是疾病预防和控制能力较差。农户资金有限、投入不足，养殖设施设备简陋，人禽混居、畜禽混养，鸡舍布局不合理，消毒措施不完备，防疫体系不健全，技术力量薄弱，不能做到全进全出，容易导致鸡群交叉感染疾病。二是在生产和兽医管理中，对新城疫、禽流感等重大疫病的防控存在认识误区，无抗体监测手段，免疫程序不当，不能科学地使用疫苗，而是过分地依赖疫苗乃至滥用疫苗。三是难以解决饲料中违禁药物使用和药物残留问题，对分散农户的检测和监控成本较高；加之鸡舍内环境卫生和鸡群健康问题，生产过程中会导致微生物污染，蛋品质量安全难以保障。

**2. 农村的蛋鸡疫苗和药物销售市场不规范。**目前，蛋鸡疫苗和药物的品牌较多，各厂商通过入户推销或广告宣传等促销方式，积极抢占市场，导致市场秩序混乱，缺乏统一管理。而且，不同品牌的产品成分为何、效果如何、有何差别，农户自身也无法鉴别。因为农户缺乏相应的专业知识，又没有专职的兽医或技术人员给予指导，在药物和疫苗选择方面，盲目性和趋从性较强，使本就不规范的防疫体系雪上加霜。

**3. 蛋鸡养殖合作社尚未发挥真正的作用。**农户自身知识和能力有限，缺少经营合作社的经验，缺乏技术指导和资金扶持，尚未达到通过合作，提高疫病防控水平，提升蛋品质量的效果。合作社既没有统一购销，也没有统一品牌，社员仍是各自为政，仅止于互通信息或偶尔的经验交流，非常松散，没有实现合作的应有之义。尤其是合作社成立初期，如果没有政府的扶持和指导，农民又缺乏相应的知识，合作社就很难做成功。

### （三）相关建议

**1. 发展规模化、标准化养殖。**适度规模经营是提高产业竞争力的有效手段。可由政府引导和调控，龙头企业运作，将传统养殖转变为现代化、工厂化养殖，应用先进的环境控制系统和先进的饲养管理技术，进行适度规模养殖，并在此基础上形成完整的蛋鸡产业链，合理配置资源，使农户参与到产业链的各个环节，有效带动农民致富。同时，规模化养殖也为标准化提供了前提和条件，大规模养殖场（基地）可在鸡舍选址、设计、设备选用、鸡粪处理等各个方面进行标准化设计，雏鸡和产蛋鸡分场饲养，采用整场同源引种，全进全出的饲养模式，以更好的控制疫病，提高生产效率。

**2. 改善农村蛋鸡防疫环境。**政府应从供求两方面入手，完善农村蛋鸡防疫市场建设。①加强对药物、疫苗市场的监管力度，确保药物、疫苗产品的质量，维护市场秩序；②组织专家下基层举办技术培训班，讲授防疫和用药知识，提高蛋鸡养殖户对各类疾病和药物的鉴别能力；③建设和完善农村科技工作者队伍，在基层培训专职的疾病防治技术员，及时为养殖户解决各类技术难题，宣传防疫知识。

**3. 对蛋鸡养殖合作社给予扶持和指导。**政府在积极引导有条件的地方成立蛋鸡养殖合作社的同时，更应该做好帮扶工作，使其在蛋品质量安全和疫病防控方面发挥更大的作用。①举办培训班，通过合作社推广先进的养殖理念和经验；②在合作社内部实行统一管理，形成类似大型养殖场的养殖社区，同源引种、统一用药，尽可能做到全进全出，将疫病发生和传染的可能性降到最低限；③参照合作社法和政府各项优惠政策，对符合规定的合作社给予一定的资金扶持，帮助社员改善养殖设施设备，优化养殖环境，为保证蛋品质量提供基础。

# 蛋鸡产销链条成本收益分配分析*

## ——基于河南省蛋鸡养殖业的调研

王艾敏[1]　钟钰[2]

(1. 河南财经学院工商管理学院；
2. 中国农业科学院农业经济与发展研究所)

为了深入了解蛋鸡产销链中各环节成本、利润分配情况，11月中旬国家蛋鸡产业技术体系产业经济研究室采取全程跟踪实地调查的方法，对鸡蛋主产区河南省部分地区鸡蛋的生产、流通、销售等各环节进行实地调查，以了解鸡蛋的产销方式、成本、价格变化和价值流向。

## 一、蛋鸡产业链的流程构成

蛋鸡产业链的构成情况如图1所示。从图中看出蛋鸡产业链是一个网状结构，以蛋鸡养殖为中心，其前项是雏鸡供应商、饲料供应商和疫苗及养鸡具供应商，后项是鸡蛋批发商、鸡肉（淘汰鸡收购）加工厂和鸡粪处理厂（化肥厂、沼气池、饲料化和堆肥还田），然后是鸡蛋零售商和超市，最后是消费者（饭店宾馆、一般消费者）。

---

* 本调研报告得到“国家蛋鸡产业技术体系建设专项经费”资助。

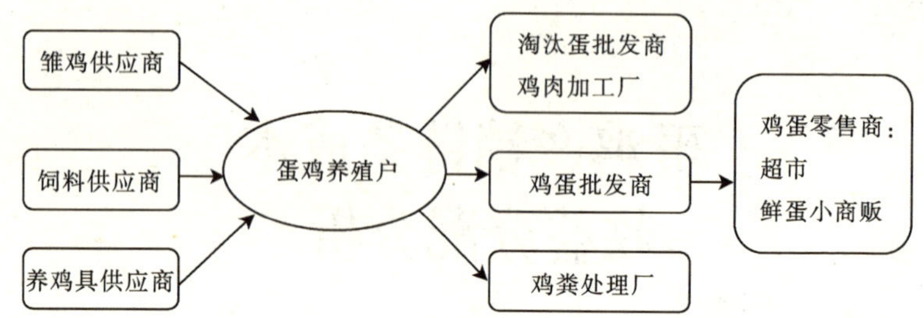


图 1　蛋鸡生产链流程模型

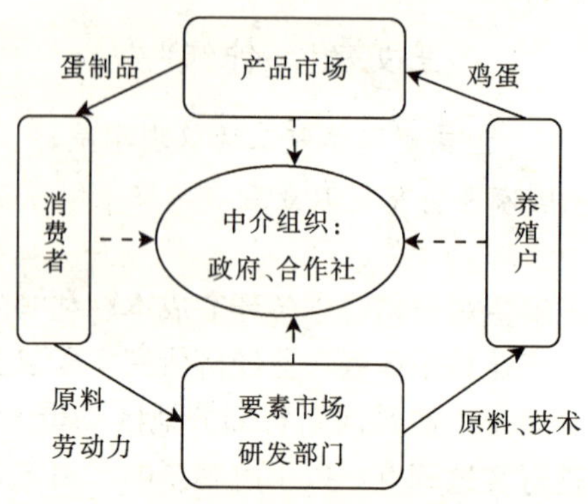


图 2　蛋鸡产业链行为主体间的流通

图 2 显示了蛋鸡产业链行为主体间的实物流和信息流管理，每个主体在循环中都处于不可替代的地位，特别是中介组织在循环中发挥着核心桥梁作用。消费者、产品市场、要素市场将价格、需求等信息传递给中介组织政府或合作组织，当然这个过程更需要中介组织主动去搜寻整理市场信息再传递给养殖户，实现产前、产中、产后的对接。

## 二、调查方案及样本选择

根据养殖、批发和零售不同调查对象，理清各环节成本、收益和利润，设计调查方案和问卷（调查表见附件 1～3），以访谈、座谈、市场询价等相结合的方法开展调查，追踪蛋鸡产品流和价格流。

目前，在鸡蛋产销过程中，市场价格传导主要经过三个环节，即养殖、批发和终端销售环节，这三个环节的行为主体分别为养殖户（场）、批发商和零售商。调查主要是为了解各环节的价格变化和收益分配，因此我们重点对上述三类行为主体分别进行调查分析。

鸡蛋生产环节行为主体——养殖户（场）：根据河南蛋鸡养殖的具体情况，我们选择了公司养殖、合作组织养殖和农户养殖三种不同类型的养殖主体。公司养殖选择郑州综合试验站和河南省九安牧业有限公司①两个样本；合作组织养殖选择中牟县的蛋鸡养殖合作社②；养殖户选择中牟县天平养殖场作为代表。通过访谈、座谈的方式，调查了蛋鸡养殖的养殖收入（产蛋、鸡粪、和淘汰鸡收入）和成本（雏鸡、饲料、人工费用、水电燃料费、防疫和养殖设施折旧维修费等）情况，分析蛋鸡养殖户的利润状况。

鸡蛋批发环节行为主体——批发商：选择陈寨蔬菜批发市场③内的滑县鲜鸡蛋行、满满星、艳超鲜蛋批发行、润丰鲜蛋行等批发商户。主要通过访谈方式调查鲜蛋批发商的批销途径、销售收入、经营成本和各种销售费用。批发商的蛋源有省内也有省外，省内如郑州郊区、中牟县、滑县等，省外主要来源山西

① 郑州综合试验站，依托河南省华罗家禽育种有限公司，是河南省最大的蛋鸡育种企业；河南省九安牧业有限公司是省畜牧局下属的较大的蛋鸡育种和养殖企业，这两个企业比较具有代表性。

② 中牟县地处郑州市和开封市之间，是两城市主要供应地，其蛋鸡养殖规模在河南省位居前列，在河南省也具有代表性。

③ 陈寨蔬菜批发市场是郑州市北部最大的蔬菜批发基地，鸡蛋批发商户基本上集中于此地。

阳城。

鸡蛋零售环节行为主体——零售商：郑州市丹尼斯超市、郑州市家乐福超市，纬四路菜市场内鸡蛋零售商，经五路胖胖蛋行、三高绿色家园蛋行、汝州养鸡场鲜蛋销售处和文博西路亮亮鲜蛋销售点等零售商。其中有超市、有鲜蛋专卖店、也有在菜市场内摆摊设点的鲜蛋小商贩，调研覆盖面比较广。主要通过访谈、询价的方式了解蛋源状况、销售价格、销售收入及销售费用，分析零售商在零售环节的利润状况。

## 三、蛋鸡产销链各环节成本收益分析

### （一）鸡蛋生产环节的成本收益状况

鸡蛋生产环节的成本收益分析分为两部分，一是蛋种鸡养殖，二是商品蛋鸡养殖。两种蛋鸡养殖周期大约均为 450 天，可分两个阶段即生长阶段（120 天左右）和产蛋阶段（330 天左右）。养殖费用主要包括雏鸡成本、饲料费用、防疫费、人工费、固定资产折旧、水电燃料费、管理费和死亡损失费等，收入主要是鸡蛋、淘汰鸡和鸡粪收入。表 1、表 2 分别是蛋种鸡和商品蛋鸡养殖周期内的投入产出分析情况。

所调查的蛋种鸡育种有限公司均为“公司＋农户”的经营模式，公司为农户提供雏鸡并进行商品蛋鸡养殖的技术指导，其种蛋来源于法国的原种祖代，品种为 B380。商品蛋鸡养殖是以养殖户模式为例分析其成本收益的。从表 1、表 2 分析结果可知，蛋种鸡养殖的利润（127.98 元/只）比商品蛋鸡养殖利润（22.19 元/只）要高得多，大约高出 5.76 倍。由于蛋种鸡的养殖不仅需要较高的专门技术，而且投入的固定成本较高，尽管单只蛋种鸡利润较高，养殖户一般没有技术和能力饲养，蛋种鸡养殖主要以公司培育为主。

**表 1　蛋种鸡养殖周期投入产出分析**

单位：元/只、%

| 项　　目 | | 金额 | 份额 |
|---|---|---|---|
| 生长阶段成本项目 | 鸡雏进价 | 130.00 | 74.49 |
| | 饲料费用 | 30.36 | 17.40 |
| | 防疫药费 | 1.50 | 0.86 |
| | 人工成本 | 0.80 | 0.46 |
| | 固定资产折旧 | 4.00 | 2.29 |
| | 水电燃料费 | 1.50 | 0.86 |
| | 管理费 | 2.00 | 1.15 |
| | 死亡损失 | 4.35 | 2.49 |
| | 公鸡出现 | 0.00 | 0.00 |
| | 后备鸡总成本 | 174.51 | 100.00 |
| 产蛋鸡阶段成本项目 | 饲料费用 | 87.26 | 84.68 |
| | 防疫药费 | 2.00 | 1.94 |
| | 死亡损失 | 0.29 | 0.28 |
| | 人工成本 | 4.00 | 3.88 |
| | 固定资产折旧 | 4.00 | 3.88 |
| | 水电燃料费 | 1.50 | 1.45 |
| | 管理费 | 4.00 | 3.88 |
| | 产蛋鸡阶段成本 | 103.08 | 100.00 |
| 总成本 | | 277.59 | |
| 收入项目 | 鸡蛋 | 416＋18.58＝434.58 | 96.45 |
| | 淘汰蛋鸡 | 15.48 | 3.44 |
| | 鸡粪 | 0.50 | 0.11 |
| | 总收入 | 450.56 | 100.00 |
| 总利润 | | 127.98 | — |

**表 2　商品蛋鸡养殖周期投入产出分析**

单位：元/只、%

| 项　　目 | | 金额 | 份额 |
|---|---|---|---|
| 生长阶段成本项目 | 鸡雏进价 | 2.60 | 11.27 |
| | 饲料费用 | 16.56 | 71.80 |
| | 防疫药费 | 1.30 | 5.64 |
| | 人工成本 | 0.70 | 3.05 |
| | 固定资产折旧 | 0.81 | 3.52 |
| | 水电燃料 | 0.23 | 0.98 |
| | 管理费 | 0.00 | 0.00 |
| | 死亡损失 | 0.88 | 3.79 |
| | 公鸡出现 | 0.01 | 0.02 |
| | 后备鸡总成本 | 23.06 | 100.00 |
| 产蛋鸡阶段成本项目 | 饲料费用 | 45.54 | 45.19 |
| | 防疫药费 | 2.50 | 2.48 |
| | 死亡损失 | 1.23 | 1.22 |
| | 人工成本 | 2.64 | 2.62 |
| | 固定设备 | 2.98 | 2.96 |
| | 水电燃料 | 0.62 | 0.62 |
| | 管理费 | 0.00 | 0.00 |
| | 产蛋鸡阶段成本 | 55.51 | 55.09 |
| 总成本 | | 78.58 | 77.98 |
| 收入项目 | 鸡蛋 | 87.30 | 86.63 |
| | 淘汰蛋鸡 | 13.32 | 13.22 |
| | 鸡粪 | 0.15 | 0.15 |
| | 总收入 | 100.77 | 100.00 |
| 总利润 | | 22.19 | — |

在蛋种鸡养殖的成本中，鸡雏费用是生长阶段的主要成本，占生长阶段成本的 74.5%，其次是饲料，占生长期成本的 17.4%，其他的费用所占比例都比较少；在蛋种鸡产蛋期间，主要的费用是饲料，占 84.68%，其次是人工费用、固定资产折旧和管理费分别占产蛋期总成本的 3.88%。在商品鸡养殖成本中，生长阶段的主要费用是饲料费用，占生长期成本的 71.8%，其次是鸡雏成本占 11.27%，然后是防疫费用占 5.64%，死亡损失占 3.79%，固定资产折旧占 3.52%。

## （二）鸡蛋批发环节的成本收益状况

鸡蛋批发商主要的成本构成是购蛋成本、运费、装卸费、鸡蛋损耗及房屋租金等，其收入即为鸡蛋的销售收入。如表 3 所示，在对鸡蛋批发商调查发现，有的是养殖场送货，其价格会高一点；有的是自己去养殖场拉运（特别是到外省进货），价格会稍便宜些；鸡蛋的运费和装卸费自己来承担。销售时大多情况是零售商自己拉货，也有批发商送货到门的。此处以箱为单位进行分析其成本收益状况，每箱鸡蛋重 16.5 千克。表中数据均为平均值，计算得到每箱鸡蛋的净利润仅为 1.655 元。

**表 3　鸡蛋批发商成本收益状况**

单位：元/箱、%

| 项　目 | 金　额 |
|---|---|
| 购入价格 | 95.5 |
| 运　费 | 1.055 |
| 装卸费用 | 0.065 |
| 鸡蛋损耗 | 0.47 |
| 房屋租金 | 0.755 |
| 出售价格 | 99.5 |
| 平均利润 | 1.655 |

### （三）鸡蛋零售环节的成本收益状况

鸡蛋零售环节成本主要包括鸡蛋购入成本、人工费用、运费和装卸费、鸡蛋的损耗及摊位租金等。鸡蛋零售的主要形式有超市销售和商贩零售，超市鸡蛋销售大多采用限量低价销售，其售价有时甚至会低于其进价，其主要目的是以鸡蛋这种生活必需品的低价销售，来促销超市其他商品销售。超市低价销售影响了鸡蛋零售市场，从而一定程度影响了整个市场的零售价格，挤压了鸡蛋零售商贩的利润空间。由表 4 得到，每箱鸡蛋的利润仅仅 0.8 元，因此许多鸡蛋零售商为了增加收入，兼营他业。

**表 4　鸡蛋零售商成本收益状况**

单位：元/箱、%

| 项　　目 | 金　额 |
|---|---|
| 购入价格 | 99.5 |
| 运费及装卸费用 | 0.1 |
| 人工费用 | 2.0 |
| 鸡蛋损耗 | 1.20 |
| 摊位租金 | 2.0 |
| 出售价格 | 105.6 |
| 平均利润 | 0.8 |

## 四、存在问题及建议

### （一）目前蛋鸡产业存在的主要问题

**1. 养殖规模小，抵抗风险能力弱。**我国蛋鸡饲养场（户）普遍存在规模小、分布散的问题，一般养殖户平均 3 000～5 000 只，没有形成有效的大型养殖模式，造成养殖户没有议价能力；而且饲养环境和卫生防疫条件差，疫病多发。这种千家万户的分散饲养已经难以适应新形势下的经济发展，难以满足人民群众对畜产品的质量要求。

**2. 蛋鸡行业盲目进入者多，不能给予鸡群科学的饲养管理。**养殖户的生物安全体系和监测体系不健全，对环境和疾病的控制缺乏统一的标准，导致国内疾病种类多，流行范围广，疾病防控难。因此，对养殖户而言，需要的不仅仅是优质雏鸡产品的服务，更需要种鸡企业提供切合实际的饲养管理技术、疾病控制技术、饲料配置、市场信息等全方位的服务。这就要求种鸡企业不但要打造高质量的雏鸡产品，更要加强自身各方面的技术优势，为蛋鸡养殖户提供多方位的服务，引领整个行业向着健康有序的方向发展。

**3. 鸡蛋品种多，但没有形成品牌优势。**目前农产品市场和超市中鸡蛋品种五花八门，有土鸡蛋和洋鸡蛋，部分商家还推出生态蛋，这些非常用名称的“高档鸡蛋”令消费者无所适从，而且鸡蛋的新鲜度、药物残留、沙门氏菌污染情况难以查证，出了问题无法查找责任，“问题鸡蛋事件”给国内禽蛋业上了生动的一课。如何解决好食品安全问题、有效抗御突发性公共安全问题，摆在了行业面前。

**4. 养殖双重风险增加，影响整个链条运行。**蛋鸡养殖者要承担疫病风险和市场风险，尤其面对市场风险时，更是束手无策。鸡蛋消费大多以鲜食为主，不像肉类、蔬菜可以冷藏或脱水保存，当市场价格持续恶化情况下，如商品（种）鸡存栏量显著增加、饲料价格快速上涨等，养殖户只能低价销售。因而，建立完善的蛋鸡产业保险机制十分必要。

### （二）我国蛋鸡养殖业发展建议

**1. 发展以中等规模为主体，大中小规模并存的复合型蛋鸡产业结构。**我国蛋鸡产业结构不能盲目升级，要以市场为导向，以中等规模为主，大、小规模并存应是我国蛋鸡产业结构优化的理想目标。小规模的饲养户把目标市场定位在低收入阶层或农村就地销售上，零散生产，零散销售，生产方式及生产安排灵活多样。中等规模饲养场户则应把目标市场定位在中等发达城市或地区或中等收入阶层的消费市场上，这类市场消费者已对质量有更高的要求。大规模的饲养场户则应把目标市场定位在国内大城市、国际消费市场和高收入阶层的消费市场上，集中生产，品牌销售，因国内大城市或国际市场的消费者对质量的要求大大高于中低收入消费者，价格承受能力也高于农村及城镇消费群体。

**2. 引导蛋鸡产业向产供销一体化发展，充分发挥企业龙头作用。**供销一体化组织模式有利于减少中间环节，降低交易成本，比较容易形成规模效益，龙头企业的参与改善了产业组织结构，疏通了政府、企业、市场之间的物质、资本、信息、技术、劳动等要素交流的障碍，使政府、企业、市场之间存在交流障碍的“平面”产业组织结构上升到“立体式”的无障碍或少障碍的产业结构。以农户为主体的小规模生产方式所固有的“市场行为障碍或缺陷”，由于产供销一体化龙头企业的引进而得到缓解或改善。

**3. 加大政策扶持力度，减缓经营风险冲击。**自禽流感发生以来，国家花费了巨大的财力物力、出台了具体政策措施来扶持家禽企业，但这种财政补贴只针对疫区内遭捕杀的养鸡场家禽。扶持家禽业的贷款、免税等优惠政策大多是对大型种禽场、禽肉加工出口企业及产业龙头企业而言，中小型蛋鸡养殖户几乎得不到补贴和扶持。相反，疫情发生后，随之而来的政府强制性的免疫措施必须执行，由此带来的疫苗费用及因免疫应激造成的产蛋率下降又直接加重了养鸡户负担。因此，建议政府扩大扶持范围和力度，可仿效生猪优惠政策，对蛋鸡养殖户给予一定的政策支持。另外，加大对蛋鸡养殖的信贷支持力度。

**4. 提升蛋品质量，促进禽蛋品牌建设。**禽蛋品牌化的过程，是加快禽蛋生产和加工从传统粗放的经营方式向现代化集约化经营方式转变的过程。要变禽蛋产量大国为蛋品强国，禽蛋品牌化是必然选择。鼓励蛋鸡养殖企业面向市场，树立优质产品的品牌战略，通过选择高产鸡蛋品种、合理配制饲料和科学饲养管理，辅之完善的管理方案，使生产适应国际市场需求，逐步打入国际市场。

**5. 出台蛋鸡政策性保险，减缓产业市场波动。**由于国家已对生猪、奶牛等出台了相关保险政策，而蛋禽养殖还没有被纳入保险范围。建议国家对家禽养殖中风险最大的蛋鸡实行政策性性保险，以政府搭建蛋禽养殖保险平台为主导，以各地经济合作组织和龙头企业为纽带，对蛋禽养殖中出现不可抗拒的风险给予保险，降低蛋禽养殖的风险，从而推动蛋鸡产业持续、稳定发展。

## 附表 1：链条上生产环节的成本收益调查表

### 链条上生产环节的成本收益调查表

调查地点：____________________调查日期：________________

1. 被调查的单位名称：____________________，蛋鸡养殖年限：____________，养殖规模：____________（存栏数）。

2. 蛋鸡养殖模式________________。（“四位一体（地方政府、企业集团、金融机构、农民专业合作社）”、“支部＋协会＋公司＋农户”、“合作组织＋农户”、“农户合股建标准化养鸡场”）

3. 蛋鸡养殖的鸡舍年折旧________，年维修费________；或者鸡场租金________。

4. 鸡雏的品种：________，鸡雏来源：________________，购入方式：____________，购入价格：________元/只，或者自给成本________元/只。

5. 蛋鸡的生长周期大约____________天，生长期大约____________天，产蛋期主要集中在____________天。

6. 鸡雏中出公鸡的概率是________，雏鸡能辨性别时的天数________，公鸡去向____________，如果出售，价格为________，大约是赔还是赚________。

7. 蛋鸡生长期消耗饲料________斤/只，或者日均________克，饲料均价大约________元/斤。蛋鸡产蛋期消耗饲料________斤/只，或者日均________克，饲料均价大约________元/斤。普通蛋鸡消耗饲料分别为________和________。

8. 蛋鸡在生长期的防疫费用________元/只，产蛋期的防疫费用________。蛋鸡生长期死亡率________%，死亡损失________；产蛋期死亡率________%，死亡损失________。

9. 蛋鸡生长期的人工费用________元/只，产蛋期的人工费用________元/只。

10. 蛋鸡生长期的水电燃料费用________元/只，蛋鸡产蛋期的水电燃料费用________元/只。

11. 每只蛋鸡的产蛋量约________斤/只。鸡蛋出售价________元/斤。大概鸡蛋收入________元/只鸡。

12. 鸡蛋的销售地（出售对象）________________。

13. 淘汰蛋鸡________元/斤，大约________斤/只，大概每只淘汰蛋鸡收入________元。出售对象________________。

14. 鸡粪收入____________元/栏，平均每只蛋鸡鸡粪收入____________元。

15. 蛋鸡养殖的其他费用________________元。

16. 蛋鸡养殖的其他收入________________元。

17. 每只蛋鸡利润大概可达____________元。

18. 是否加入保险________________。

19. 当地扶持家禽业发展政策，如标准化规模养殖场或小区补助情况____________。

20. 蛋鸡养殖过程存在的问题：（1）________________________________；（2）________________________________；（3）________________________________。

## 附表 2：产销链条上批发收购环节的成本收益调查表

### 产销链条上批发收购环节的成本收益调查表

调查地点：　　　　　　　　　　　　调查日期：

1. 鸡蛋来源一般是　　　　　　　　　　。

2. 鸡蛋的收购价　　　　　元/斤（箱）；一箱　　　　　　斤。

3. 鸡蛋的售价　　　　　元/斤（箱）。

4. 运费　　　　　元/斤（箱）。

5. 装卸费　　　　　元/斤（箱）。

6. 鸡蛋损耗　　　　　斤。

7. 房屋租金　　　　　元/月；月进蛋量　　　　　　斤（箱）。

8. 出售价格　　　　　元/斤（箱）。

9. 平均利润大约　　　　　元/斤（箱）。

## 附表 3：产销链条上零售环节的成本收益调查表

### 产销链条上零售环节的成本收益调查表

调查地点：　　　　　　　　　　调查日期：

1. 鸡蛋的购入价　　　　元/斤（箱）。
2. 鸡蛋的装卸费用　　　　元/斤（箱），或者　　　　元/次。
3. 鸡蛋损耗　　　　斤/箱。
4. 摊位费用　　　　元/月。
5. 卫生费、水电费　　　　元/月。
6. 人工成本　　　　元/月。
7. 超市塑料袋费　　　　元/个、价格标签　　　　元/个。
8. 超市税费　　　　。
9. 超市进场费　　　　元；合同　　　　年。

# 蛋鸡养殖户经营现状及问题*

## ——基于山东省聊城市蛋鸡养殖户的调查

王士海　赵明

（中国农业科学院农业经济与发展研究所，北京 100081）

我国鸡蛋产量已连续 20 多年位居世界首位，但与之不相称的是小规模大群体的产业模式。由于大多数蛋鸡养殖户的养殖方式落后，导致疾病频发，养殖户的抗风险能力越来越差，养殖户数量也越来越少，致使蛋鸡存栏量下降。根据农业部监测的数据显示，2009 年第一季度我国蛋鸡平均存栏量比 2008 年减少了 14.28%。山东省是仅次于河北省和河南省的全国第三蛋鸡养殖大省，2008 年受“三聚氰胺事件”和禽流感的影响，鸡蛋价格在低价位运行，导致蛋鸡养殖行业急剧下滑。2009 年以来，三聚氰胺事件基本告一段落，禽流感疫情也得到了很好的控制，蛋鸡养殖业渐渐复苏。为了深入了解蛋鸡养殖户的经营情况，11 月底，国家蛋鸡产业技术体系产业经济研究室的有关人员对山东省聊城市的 17 户蛋鸡养殖户进行了走访调研。

## 一、蛋鸡养殖户的经营状况

本室成员访谈的 17 户饲养户分布在聊城两区县 5 个乡镇 5 个村，个体差异很大，相应的蛋鸡经营情况也有很大不同，主要

* 本报告得到“国家蛋鸡产业技术体系建设专项经费”资助。

表现在蛋鸡饲养者的受教育程度、养殖经验、场地条件、饲养规模、信息和技术获取方式和鸡蛋销售等各方面。

## （一）蛋鸡饲养从业者受教育情况及从业经验

在访谈的 17 户蛋鸡养殖户中，共有 25 个劳动力全程参与蛋鸡饲养，其中男劳动力 8 人，女劳动力 17 人。这 25 人的受教育情况如表 1 所示。由表可知，绝大部分蛋鸡饲养从业人员没有接受过中学教育。接受过高中教育的从业者只有 4 个，而且是两对夫妻。这说明我们调查的样本中，大部分蛋鸡饲养者受教育程度较低。之所以要做这方面的了解，主要是想考察蛋鸡养殖户受教育程度与经营条件和收益之间的相关性。

**表 1　蛋鸡饲养从业者受教育情况**

| 教育情况 | 人数 | 占比 |
|---|---|---|
| 不识字 | 3 | 12% |
| 小学 | 7 | 44% |
| 初中 | 11 | 36% |
| 高中及以上 | 4 | 8% |
| 总计 | 25 | 100% |

蛋鸡农户的从业经验大致可从该农户饲养蛋鸡的时间来体现。在走访的 17 户中，饲养蛋鸡时间超过 10 年的有 3 户，5～10 年的有 6 户，其他 8 户饲养蛋鸡的时间均在 2～5 年之间。从调查情况看，农户的从业经验与受教育程度的相关性不强，譬如养鸡时间超过十年的 5 名从业者中有 3 名小学没毕业，其余两名均初中毕业。调研中还发现，越是从业经验丰富的农户，其抵御风险的能力越强。

## （二）农户的饲养规模和场地情况

在调查的 17 户蛋鸡养殖户中，蛋鸡的饲养规模存在很大差异，详情见表二。在被访谈蛋鸡养殖户中，饲养规模最小存栏800只，饲养规模最大的为6 000只。大部分饲养户的经营规模集中在1 000～2 000只之间。影响农户饲养规模的因素很多，其中场地和对风险的认识是主要的。从访谈中得知，各个饲养农户的饲养规模都是在不断变化的，有13户养殖户拥有空闲的场地和设备。由于农户对鸡蛋价格和饲料价格的未来走势把握不准，不敢轻易扩大养殖规模。有7户养殖户提到资金不足限制了其扩大规模。一养殖农民给我们算了一笔账：除了鸡舍和固定设施的建设与购置外，鸡苗入户到产蛋需要120～140天时间。这些前期投入很大，如果银行能够提供一定的短期贷款，完全可以将规模扩大一倍。调研还发现，越是养殖时间久的农户其规模反而越小，例如前面提到的养殖时间超过10年的三户，其养殖规模分别为800、1 000和1 300只。

**表2　蛋鸡养殖户蛋鸡饲养规模**

| 规　　模 | 户数 | 占比 |
| --- | --- | --- |
| 1 000只以下 | 2 | 11.8% |
| 1 000～2 000只 | 11 | 65.7% |
| 2 000～4 000只 | 3 | 17.6% |
| 4 000～8 000只 | 1 | 5.9% |
| 合　计 | 17 | 100% |

大部分养殖户在宅基地上养鸡，其中有6户利用的是自己原有住房，7户在自家院里建立简陋鸡舍，3户租用他人闲置院落和房子，一人租用本村闲置的小学校园。在访谈中，有13户养殖户认为养殖场地限制了自己的发展，其中一户还因为利用自己的耕地建鸡舍而受到当地政府相关部门的处理。这些农户大部分希望利用自己的承包地来发展养殖业，希望政府在耕地政策上作出一定调整。在对养殖户邻居的访谈中发现，他们的大部分邻居不希望他们在自己院子里养鸡，希望将鸡舍搬到村外。

## （三）信息和技术获取方式

被调查的 17 户养殖户基本上都配备了手机，但是没有一户可以上互联网。在这些农户中有 8 户可以通过订制相关网站的短信服务来获取鸡蛋和饲料方面的信息，其他农户均表示通过电视和其他人获取类似的信息。通过调研我们发现，尽管大部分农户不能及时得到蛋鸡价格方面的信息，但他们依然可以通过相互之间的联系把握鸡蛋的销售价格，尤其是零售价格。

这 17 户养殖户均表示从没有接受过专门技术人员开展技术培训，但都可以通过电话或登门请教的方式向相关技术人员寻求技术帮助。有 13 户农民表示主要依靠书籍获取养鸡技术，在养殖的起步阶段一般有从事养鸡行业的亲戚或朋友进行指导。调研发现，养殖户的鸡舍和鸡笼在设计上存在很大差异，但同村养殖户的差异性不大。这说明养殖户之间存在相互学习和模仿的情况。受访的 17 户中有 16 户表示迫切希望能够接受防疫和饲料配制方面的培训。只有一个养鸡时间超过 10 年的农民对于养鸡技术培训表示不屑，他认为大部分技术人员来讲课的目的不是为了推销药品就是推销饲料。

## （四）鸡蛋销售方式

养殖户销售鸡蛋的方式一般有三种：批发给下乡收购的鸡蛋经销商、零售和销售给临近的餐饮企业或食品加工企业。批发给下乡收购的鸡蛋经销商最简便，但是价格最低。养殖户零售鸡蛋一般是卖给本村和邻村村民，价格要高出批发价 0.2 元/500 克左右，但是销售量很有限。距城镇较近的农户可以与城镇的餐饮或食品加工企业建立长期关系，定时向这些企业送鸡蛋。但是从主体看，批发给下乡收购鸡蛋的经销商是养殖户销售鸡蛋的主要方式。

对于我们提出有没有想过建立合作社统一销售鸡蛋的问题

时，大部分养殖户认为这是个好主意，但是施行起来难度太大。有养殖户反映，当地一些鸡蛋销售仅仅收购了他们的鸡蛋后贴上自己的标签便可以在超市卖出好价钱，认为自己也可以建立自己的品牌，只是缺乏带头人。

## 二、农户对鸡蛋价格和饲料价格波动的感知和反应方式

鸡蛋价格和饲料价格决定着养殖蛋鸡的盈利情况，农户如何对这两个价格的波动做出反应是我们此次调研的重点之一。从访谈情况看，农户对于鸡蛋价格变动较为敏感，但是对于饲料价格变动的反映则较为迟缓。

### （一）农户对鸡蛋价格的变动较为敏感

调查的 17 户养殖户基本上都可以准确地说出近期鸡蛋的价格，但是大部分没有详细的记录。我们根据三户养殖户对本村村民的赊账记录统计出最近 11 个月被调查农户的鸡蛋零售价格（见图 1）。根据历年的经验，鸡蛋价格高价一般出现在 9 月、10 月、12 月和 2 月；而低价一般出现在 3 月、4 月和 5 月。但是今年情况略有不同。由于受三聚氰胺事件的影响，1、2、3 月份鸡蛋行情仍处于低谷，由于存栏量的减少，鸡蛋价格在 4 月和 5 月处于涨势。六月份，鸡蛋价格又回落到较低水平，7 月到 10 月份行情很好，但进入 11 月份，蛋价回落。截止到调研的 11 月底，当地鸡蛋零售价为 3.20 元，批发价为 3.0～3.02 元左右。

短短 11 个月中，蛋价涨跌动荡不定，农户的心情也随着蛋价的波动而波动。饲养户基本上对 10 月份以前的行情比较满意，认为那个时候可以赚一些。从养殖户的赊账记录看，饲养户对于鸡蛋价格的变动较为敏感，能够随着行情调整自己鸡蛋的零售价

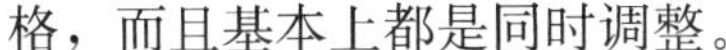
格，而且基本上都是同时调整。

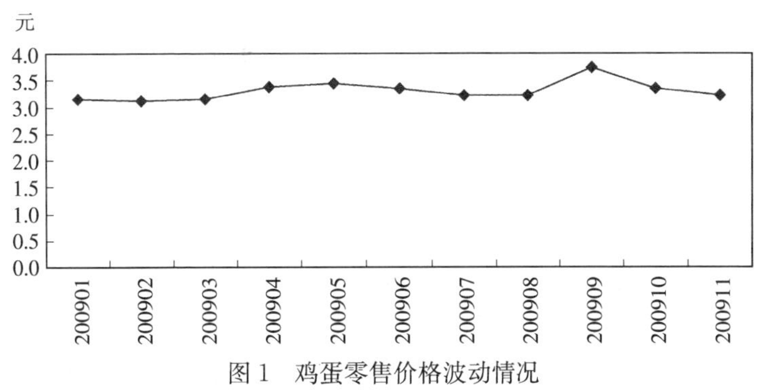


图 1　鸡蛋零售价格波动情况

## （二）农户对饲料价格的变动的反应较为迟缓

受访养殖户普遍具有一次大量购买饲料的特点，对于饲料的涨跌不太敏感。尤其是蛋鸡养殖户基本上都种植玉米，一般不会根据玉米价格选择玉米的售出或买进，基本上把自种玉米全部作为蛋鸡饲料。当问及对饲料价格的认知时，有 12 户养殖户说不准当前饲料的价格，只是了解自己购买饲料时的价格。农户大多有一种通过大量购买降低成本的倾向，但是大多难以把握好饲料价格走势。农户购买饲料的途径多样，一般由当地饲料厂送货上门。农户一般仅作为饲料价格的接受者，很少有通过多户联合购买以压低价格的情况出现。有时候即使饲料价格下降了，农户也很少会大量购进饲料。相反，当饲料价格走高时，单个农户也很少因为饲料价格过高而减少对饲料的购买。

## （三）农户对蛋鸡经营效益的感知较为模糊

农户养殖蛋鸡的经济效益情况是此次调研的重点，然而，深入了解以后才发现通过农户提供的数据弄清楚这个问题并不容易。首先，鸡蛋和饲料价格波动很大，一年之中可能存在几个赢利期和亏损期，某一阶段情况不足以说明整个行业的情况；第二，饲料成本是决定农户赢利与否的关键，饲料购置的时机很大程度上决定了农户的赢利情况；第三，大部分从事蛋鸡养殖的劳动力为难以外出或不愿外出打工者，他们的劳动力成本很难核算。第四，蛋鸡养殖对于一些农民来说是一种生活方式，如果经过多年经营还在坚持养殖，那么可大致将这种生活方式看成一种经济效益较好的生存方式。

尽管养殖户很难精确核算自己的收益情况，但是一些人对于平均赢利情况也会有一个整体的判断。大部分养殖户不愿意回答我们关于赢利情况的提问，即使回答了也会有所保留。不过大部分人的判断是“赚一只老母鸡的钱”，按照一般行情估算，约 10 元左右。表 3 反映的是 6 个养殖户反馈的每个养殖周期（一年半左右）平均利润情况，用每只鸡的平均赢利来表示。由表可知，在行情好的年份，每一只鸡的平均赢利为 17 元多，一般年份为 13 元多。这种判断没有考虑大的疫病发生，如果发生大的疫病，当年赔本的情况也多有发生。需要强调的是，养殖户对收益的估算并没有考虑自己的劳动力成本和固定设备折旧。他们的这种核算方法也有其合理性：首先，大部分养殖户把养鸡看成一种就业方式，将赢利看成劳动收入；第二，大部分农户的鸡笼等固定设施简陋，养殖户往往将其在养鸡前期一次性提取折旧，以后核算不再考虑鸡笼等设备的成本；第三，鸡舍多由住房改造或简单建造或租用，费用很少，成本不高，但使用时间很长，故养殖户也一般不考虑对鸡舍成本提取折旧。

**表 3　养殖户对蛋鸡饲养盈利情况的基本判断**

| 编号 | 存栏数 | 行情好的年份 | 一般年份 |
|---|---|---|---|
| A | 800 只 | 15～16 元 | 8～10 元 |
| B | 1 000 只 | 13～15 元 | 6～8 元 |
| C | 1 100 只 | 18～20 元 | 12～13 元 |

（续）

| 编号 | 存栏数 | 行情好的年份 | 一般年份 |
|---|---|---|---|
| D | 2 000 只 | 17～18 元 | 14～15 元 |
| E | 2 300 只 | 16～20 元 | 13～15 元 |
| F | 6 000 只 | 20～25 元 | 15～18 元 |
| 平均 | 2 200 只 | 16.5～19 元 | 11.3～15.7 元 |

## 三、蛋鸡养殖户发展存在的问题

### （一）蛋鸡养殖户数量出现萎缩

由于近些年鸡瘟、禽流感等疫病多发，加之玉米、豆粕等饲料价格走高，受调研村的蛋鸡饲养户数量出现了萎缩。在被调研的 5 个村中，蛋鸡饲养户的总户数由高峰期的 28 户减少到现在的 17 户。

**表 4　被调研村蛋鸡饲养户户数**

| 村庄名 | 农户数 | 现有蛋鸡饲养户数 | 占总户数的比重 | 高峰期蛋鸡饲养户数 |
|---|---|---|---|---|
| 徐集村 | 300 | 3 | 1% | 4 |
| 洪屯村 | 339 | 2 | 0.6% | 4 |
| 薛庄村 | 170 | 2 | 1.1% | 2 |
| 杨于村 | 200 | 3 | 1.5% | 8 |
| 蒋庄村 | 270 | 7 | 2.6% | 11 |
| 合计 | 1 309 | 17 | 1.4% | 29 |

### （二）农户经营分散，缺乏必要合作

农民易分不易合的特点在此次调研中展露无遗，即使同属一村，甚至是同门同宗的亲属，他们在蛋鸡养殖中的合作都很少。

我们在调查东昌府区北杨集乡蒋庄村时发现，该村蛋鸡养殖户有7户，但是彼此之间很少达成饲料购买方面的合作，更不用说组建合作组织统一鸡蛋销售了。当我们问及可否从邻居那里获得养殖方面的技术时，大部分受访者的回答是否定的。同时，受访者中有9户坦率地承认不会将自己获得的低价饲料和高价鸡蛋信息透露给其他养殖户。

### （三）缺乏必要的养殖技术培训

前面提到，受访的17户养殖户均表示没有接受过系统的蛋鸡养殖方面的技术培训。绝大部分农户表示，除了看书外，他们所掌握的养殖技术大部分是亲戚和朋友传授的；有13户表示养殖初期曾因技术问题蒙受过损失，其中有4户因为无法控制蛋鸡的疫病一度放弃饲养蛋鸡；有9户农民表示除了当地兽医外不知道可以从哪些部门得到养鸡技术帮助；养殖户很重视蛋鸡的防疫工作，但是由于缺乏必要的技术指导，有10户没有利用去年政府免费发放的禽流感疫苗，其中有4户表示不知道如何用，6户表示免费的东西不敢用；在饲料配制方面，有13户表示自己是根据书本介绍配制的，只有2户表示是根据兽医站技术员的意见配制的；17户受访养殖户均对当地政府防疫工作不满意，表示当地政府在防疫方面做得不够。

### （四）疫病风险无法分散，严重影响养殖户的养殖热情

受访的养殖户对于2008年的禽流感疫情仍心有余悸。有5户养殖户表示2008年的禽流感使得他们的蛋鸡存栏量减少一半以上，有14户表示去年的疫情使得他们今年不敢扩大养殖规模。农户表示，如果没有鸡瘟、禽流感等疫情发生的话，只要上心养蛋鸡赔本的可能性很小。一旦疫情发生，将损失惨重，而且损失很难分散出去。养殖户质问，目前政府对于奶牛和生猪的保险补贴措施已经实施，为何不建立相应的蛋鸡保险补贴政策？

### （五）资金和场地是大部分农户面临的重要问题

受访的养殖户中除了2户规模较小的外，基本上都存在资金短缺问题，其中有3户表示从干这个行业开始就欠债。资金最为紧张的时候是刚最初进入该行业时期，大量的前期投入会占用大笔资金。有一户养殖规模达6 000只的养殖户告诉我们，他几乎每年都会贷款，2009年本想新建两个鸡舍，却因没有贷到款而放弃。场地同样也是养殖户反映的问题。由于地方政府在变更耕地用途方面的审批很严，大部分养殖户不能在耕地上建养鸡场。

## 四、相应政策建议

面对蛋鸡养殖户经营中出现的问题和他们的政策需求，政府相关部门在蛋鸡产业政策制定上应该予以适当的关注。在此提出一些想法和建议：

### （一）加大蛋鸡养殖技术推广与培训

推广和普及规范的养鸡技术对于促进我国蛋鸡产业的健康发展至关重要。政府可以考虑在鸡蛋主产省制定具体的蛋鸡养殖技术培训计划，对蛋鸡饲养者进行短期的蛋鸡养殖技术培训。培训对象不能只关注大的养鸡场和企业，更应该关注规模较小的养殖农户。

### （二）鼓励农户建立蛋鸡专业合作社

将蛋鸡饲养农户组织起来不仅有利于降低饲养成本，增加农户收入，而且有利于政府相关部门对农户进行技术指导和统一防疫。应加强对现有蛋鸡合作社运行情况的研究，制定出具有推广意义的蛋鸡合作社运行模式，并出台一定扶持政策。从疫病防控的角度考虑，通过建立合作社加强农户之间的联系有着极强的现实意义。

### （三）适当扩大蛋鸡标准化规模养殖场改造以奖代补项目实施范围

山东省出台的《蛋鸡标准化规模养殖场改造以奖代补项目实施方案》规定，只有存栏在 1 万～5 万只的规模蛋鸡场才有可能享受该优惠政策。然而，在我们调查的 17 户养殖户中，规模最大的存栏也只有 6 000 只。如果适当降低申请门槛，扩大项目实施范围将会使得更多的农户受益，解决他们发展中面临的资金不足问题。

### （四）制定具有针对性的贷款优惠政策

往往因为蛋鸡饲养的高风险性，蛋鸡饲养户一般很难从银行融到发展所需资金。政府有必要制定具有针对性的贷款优惠政策以减少养殖户融资难度。

### （五）应尽快出台蛋鸡政策性保险

疫病是蛋鸡养殖户面临的最大风险，也是影响其收益的主要因素。应尽快出台蛋鸡政策性保险，以减少蛋鸡饲养户面临的风险和不确定性。

**图书在版编目（CIP）数据**

中国蛋鸡产业经济. 2009 / 秦富等著. —北京：中国农业出版社，2010. 7
ISBN 978-7-109-14659-4

Ⅰ. ①中… Ⅱ. ①秦… Ⅲ. ①卵用鸡-产业经济学-研究报告-中国-2009 Ⅳ. ①F326. 3

中国版本图书馆 CIP 数据核字（2010）第 112183 号

中国农业出版社出版
（北京市朝阳区农展馆北路 2 号）
（邮政编码 100125）
责任编辑 柯文武

---

北京印刷一厂印刷 新华书店北京发行所发行
2010 年 7 月第 1 版 2010 年 7 月北京第 1 次印刷

---

开本：850mm×1168mm 1/32 印张：7.5
字数：186 千字 印数：1 ～ 2 000 册
定价：30.00 元